H. Bretschneider

Lectures et exercises français

I. Teil: Französisches Lese- und Übungsbuch für Real- und Handelslehr-Anstalten,

sowie höhere Bürgerschulen

H. Bretschneider

Lectures et exercises français
I. Teil: Französisches Lese- und Übungsbuch für Real- und Handelslehr-Anstalten, sowie höhere Bürgerschulen

ISBN/EAN: 9783743334649

Hergestellt in Europa, USA, Kanada, Australien, Japan

Cover: Foto ©Paul-Georg Meister /pixelio.de

Manufactured and distributed by brebook publishing software (www.brebook.com)

H. Bretschneider

Lectures et exercises français

LECTURES ET EXERCICES FRANÇAIS.

Französisches Lese- und Übungsbuch

für

Real- und Handelslehr-Anstalten, sowie höhere Bürgerschulen.

Von

H. Bretschneider,
Realschuloberlehrer.

I. Teil.

Zweite Auflage.

Berlin.
Verlag von Wiegandt & Schotte.
1891.

Vorwort zur ersten Auflage.

Angesichts der vielen schon vorhandenen französischen Lesebücher würde der Verfasser nicht wagen, mit noch einem neuen hervorzutreten, wenn dasselbe nicht in vielen Punkten vom Hergebrachten abwiche und besonders durch mannigfache Aufgaben Anleitung zum Sprechen und zu stilistischen Übungen gäbe, also eine Vermittelung anstrebte zwischen der bisher herrschenden Unterrichtsmethode, die von schriftlichen Übungen kaum etwas andres als Übersetzungen und Extemporalien kennt, und derjenigen, welche thème und Extemporale mit scharfen Worten verurteilt.

Das Bestreben, Lese- Bildungs- und Übungsstoff zugleich zu bieten, mußte die Auswahl der Lesestücke wesentlich beeinflussen. Das meiste ist aus französischen Jugendschriften und Schulbüchern (bes. v. Beleze, Ducoudray, Larousse, Caumont und Blanchet) genommen, deren einfacher Stil die Vornahme beliebiger Veränderungen erlaubt, die man bei einem klassischen Autor nicht gut wagen kann, ohne der Würde desselben zu nahe zu treten, die Schönheit des Stils und die Gesamtwirkung zu zerstören. Es gilt hier, was Bierbaum („Die Reform des fremdsprachlichen Unterrichts") zur Rechtfertigung des Lesebuchs überhaupt bemerkt: „Stümperhafte Lese- und Übersetzungsversuche an den Kassikern zu machen, halten wir für eine frivole, pietätlose Entweihung des Schönsten, was Schule und Erziehung überhaupt zu bieten vermögen. Dazu ist das Lesebuch da." — Soll der Schüler nicht durch Eintönigkeit ermüdet werden, so muß möglichst viel Abwechselung in den Betrieb des Unterrichts kommen. An einem nicht zu langen Lesestücke läßt sich vornehmen:
1. mündliche ⎫ Übersetzung,
2. schriftliche ⎭
3. Kopfbuchstabieren,
4. Konjugationsübungen im Anschluß an die vorkommenden Verben, thunlichst mit Objekten oder adverbialen Bestimmungen,
5. schriftliche Zergliederung durch Frage und Antwort,
6. mündliche „   „   „   „   „
(a mit offenem, b mit geschlossenem Buche).

7. repetitionsweises Lesen in der Weise, dafs nur schwere Stellen übersetzt oder einzelne Vokabeln herausgefragt werden,
8. Vorlesen des Textes durch den Lehrer, seitens der Schüler Auffassung und Wiedergabe bei geschlossenem Buche,
9. mündliche Retroversion, bei welcher der Schüler den fliefsenden deutschen Text im Tagebuch vor sich hat,
10. mündliche Retroversion in der Weise, dafs der Lehrer Satz für Satz deutsch vorsagt,
11. französisches Diktat ins Tagebuch,
12.   .   .   . gute Heft,
13. möglichst zusammenhängende Wiedergabe des Inhalts,
14. Auswendiglernen des Stückes,
15. schriftliche Retroversion ins Tagebuch,
16.   .   .   . gute Heft,
17. Umarbeitungen des Stückes. (Aufgaben hierzu im Guide du maître.)

Es versteht sich von selbst, dafs nicht alle diese Übungen an einem Stücke vorgenommen werden. Man mufs eine Liste führen, in welche man Dagewesenes einträgt. Übung 6 nimmt man z. B. an anderen (leichteren) Stücken oder später vor als 5. Wollte man mit demselben Stoffe Diktat und Retroversion (11 und 15 oder 12 und 16) vornehmen, so könnte der Schüler sich leicht veranlafst fühlen, unerlaubter Weise in seinem Hefte ein paar Blätter zurückzuschlagen. — Dürfte mit den gegebenen Übungen im grofsen und ganzen wohl das getroffen sein, was im Dezemberheft (1887) der Franco-Gallia vorgeschlagen worden? — Zu den einzelnen Abschnitten sei noch Folgendes bemerkt:

Abteilung I greift nicht in die Ferne, um Löwen, Kamele, Walfische u. s. w. vorzuführen, sondern bewegt sich im Anschauungskreise des Kindes.

Gespräche wie die der zweiten Abteilung haben nur dann Berechtigung, wenn sie vielseitig geübt, erweitert und mit verteilten Rollen fest eingeprägt werden.

In die „Fables et paraboles" ist absichtlich vieles aufgenommen worden, von dem man annehmen kann, dafs es dem Schüler in deutscher Form schon bekannt ist. Über Stoffe, die bei ihm schon so zu sagen in Fleisch und Blut übergegangen sind, lassen sich ja viel leichter französische Sprechübungen bei geschlossenem Buche anstellen. Überdies ist die Wahrnehmung, „dafs bekannter Stoff, wenn er in dem neuen Gewande einer fremden Sprache auftritt, immer einen besonderen Reiz hat" (Kühn), wie bei der Auswahl verschiedener Nummern in andern Abteilungen, so auch hier mafsgebend gewesen.

Abteilung IV, „Anecdotes et récits", enthält keine Wortspiel-, Witz- oder Esprit-Anekdoten. Für solche hat der Schüler in dem Alter, wo sie gewöhnlich gelesen werden, noch nicht das genügende Verständnis. Für komische Situationen dagegen, wie sie in No. 49 bis 55 vorgeführt werden, ist sicher Sinn und Phantasie genug vorhanden. Einige Nummern sind aufgenommen, weil sie uns in französische Verhältnisse versetzen, andere, weil überhaupt ihr Inhalt ein für den Schüler beherzigenswerter, Geist und Gemüt bildender ist, oder weil die Form derselben leicht gewisse stilistische Übungen ermöglicht.

In den unter V gegebenen Märchen findet hoffentlich jeder unserer Schüler liebe alte Bekannte wieder, an denen er mit Vergnügen entdecken wird, dafs sie sich im fremden Gewande ebenso gemütlich und nur ein klein wenig gefallsüchtiger geben als im deutschen Hauskleide. Dafs die veralteten Ausdrücke aus Perrault möglichst beseitigt sind, wird hoffentlich die Billigung der Fachgenossen finden. „La belle au bois dormant" fordert zu einer interessanten Vergleichung mit der Grimmschen Darstellung heraus, da bei Perrault der Schlufs von dem Grimms sehr abweicht und deutlicher den mythologischen Hintergrund durchblicken läfst.

Der Inhalt der unter VI gegebenen Biographieen kann in den Mittelklassen wohl ebenfalls als bekannt vorausgesetzt werden. Der Geschichtsunterricht soll ja in den Unterklassen im wesentlichen in Vorführung von Lebensbildern berühmter Männer bestehen. Da die Schulen, für welche dieses Buch bestimmt ist, nichts versäumen dürfen, was den Schülern das **Verständnis der Neuzeit** erschliefst, so sind derselben auch die gegebenen Biographieen entnommen.

Sektion VII. verdankt ihre Zusammensetzung rein praktischen Erwägungen. Einen besonderen Briefsteller (wie die hier benützten von Froment und Müller, Traité de corresp. commerciale v. P. Brée, oder „Französisch für Kaufleute" von Toussaint-Langenscheidt) einzuführen, dazu kann sich eine Anstalt schwer entschliefsen, und doch sind **Übungen im Briefschreiben für Real- und Handelsschulen eine unabweisbare Forderung.** Kommen unsere Schüler später nicht viel öfter in die Lage, einen französischen Brief lesen oder schreiben zu müssen, als zu der Gelegenheit eines Gesprächs mit Franzosen? — Das Übersetzen von Briefen aus dem Deutschen führt viel langsamer zum Ziele als die Bearbeitung, Einprägung und Nachahmung gegebener Muster in der oben und im Guide du maître angegebenen Weise. Diese Briefsammlung ist im 2. Teil der Lectures et ex. fr. fortgesetzt und schliefst ab mit einer Anzahl Aufgaben in französischer Sprache, über deren Behandlung der nach Beendigung des 2. Teils erscheinende Guide oder das Aufgaben- und Anmerkungsheft gleichfalls das Nähere enthält.

Betreffs der Behandlung der Gedichte gestattet sich der Herausgeber auf das Vorwort seiner Franco-Anglia*) hinzuweisen, welche die Übersetzung der gewöhnlich in Schulen gelesenen französischen und englischen Gedichte enthält.

Für die Lesestücke, welche die Unterstufe bilden, ist ein Vokabelverzeichnis getrennt beigegeben. Zwar wäre es bequemer für den Schüler, wenn ihm die fehlenden Vokabeln vom Lehrer gesagt würden oder er dieselben unter dem Texte fände; allein wie sonderbar kommt es einem solchen Schüler vor, wenn er sich später auf einmal in einem gröfseren Wörterbuch zurechtfinden soll, und wie zeitraubend und ermüdend wird für ihn die Vorbereitung auf die Lektüre. Auch noch auf der Mittel- und Oberstufe ist es dem Schüler viel zugemutet, wenn er in einem gröfseren, mehrere Spalten einnehmenden Artikel des dictionnaire, wie z. B. faire, nach einer ihm gerade fehlenden Redensart suchen mufs. Einige Worte können da einem gewissenhaften Schüler mehrere Stunden seiner kostbaren, ihm so knapp zugemessenen Zeit kosten. Man gönne ihm die Erleichterung, die ihm dadurch gegeben wird, dafs nicht nur das in der passenden Bedeutung gar nicht Vorhandene, sondern auch das Schwerzufindende mit in das Vokabelverzeichnis aufgenommen ist.

Die Anmerkungen zu den Lesestücken sind in den Guide du maître verwiesen, weil sie, unter den Text gesetzt, oft störend wirken und als Anhang im Lesebuch selbst, wie die Erfahrung lehrt, von vielen Schülern leider nicht oder ungenügend benutzt werden. Was der Schüler „schwarz auf weifs besitzt", ist er nicht gleich genötigt sich anzueignen; er kann es ja „getrost nach Hause tragen". Werden dagegen alle Bemerkungen vom Lehrer mündlich gegeben, so ist dadurch der Schüler zu mehr Aufmerksamkeit und zum Bestreben des Behaltens genötigt und der Unterricht gewinnt aufserdem an Lebendigkeit.

Rochlitz, im Juni 1888.

H. Bretschneider.

---

*) Pretzsch, Rochlitz, 1 Mark.

Table des matières.

I. Descriptions.

		Seite
1.	La terre	1
2.	Mouvements de la terre	1
3.	Le soleil et la lune	2
4.	Les saisons	2
5.	L'habitation humaine	3
6.	Les différentes parties d'une maison	3
7.	Ma petite chambre	4
8.	Le cheval	4
9.	Le bœuf et la vache	5
10.	Le chien	5
11.	La chèvre	6
12.	L'écureuil	6
13.	Les oiseaux	6
14.	Le cygne	7
15.	Les abeilles	7
16.	Les fourmis	8
17.	La cigale	8
18.	L'araignée	9
19.	Utilité des plantes	9
20.	Le blé et le pain	10
21.	Le chêne	10

II. Dialogues.

22.	Le tableau noir	11
23.	De la lecture	11
24.	Le déjeuner	12
25.	Après une promenade	13
26.	Pour demander le chemin	13
27.	Les divisions du temps	14
28.	Le corps humain	15
29.	Les cinq sens	16
30.	La fête du grand-père	17

III. Fables et paraboles.

31.	Le coucou	20
32.	Le singe et la montre	20
33.	Les deux socs de charrue	20
34.	Les deux rats	21
35.	Le travail est un trésor	21
36.	Le lion et la souris	22
37.	Le coq et le renard	22
38.	La jeune mouche	23
39.	L'homme, le plaisir et le chagrin	23
40.	La patience et l'éducation corrigent bien des défauts	24
41.	Les deux renards	24
42.	Le loup et le jeune mouton	24
43.	Le lièvre qui fait le brave	25
44.	L'assemblée des animaux pour choisir un roi	26
45.	Voyage dans l'île des plaisirs	27

IV. Anecdotes et récits.

46.	La pierre la plus précieuse	29
47.	Le Français et l'Anglais	29

	Seite
48. Encore du potage	29
49. Quatre-vingt-dix-neuf moutons etc.	30
50. Une cuirasse mise à l'épreuve	30
51. Le protecteur et la protégée	31
52. Les deux voyageurs	31
53. L'enfant et les noisettes	32
54. L'ours	32
55. L'ivrogne	33
56. Économie	33
57. L'économie mal entendue	33
58. Les assiettes de bois du roi Auguste	34
59. Une pénitence efficace	34
60. Vingt-quatre sous par jour	35
61. Henri IV et le paysan	36

V. Légendes et contes.

62—63. Le grand saint Nicolas	38
64. Le petit Chaperon rouge	39
65—67. Les musiciens de la ville de Brême	41
68—72. La belle au bois dormant	43

VI. Biographies.

73—75. Charlemagne	51
76. Gutenberg	53
77. Colomb	55
78. Luther	57
79. Frédéric le Grand	59

VII. Lettres.

80. Billets	61
81. Un fils à son père et à sa mère	61
82. Lettre de bonne année	61
83. A un ami pour le jour de sa fête	62
84. Invitation	62
85. Invitation à un souper	62
86. Réponse	63
87. Un neveu à sa tante	63
88. Un père qui voyage, à ses deux garçons	63
89. A une petite fille en pension	64
90. De la pension	64
91. Au pensionnat	65
92. Réponse à une invitation	66
93. Choix d'une profession	66

VIII. Poésies.

94. La cigale et la fourmi	67
95. Le corbeau et le renard	67
96. La grenouille qui veut se faire etc. } La Fontaine	68
97. Le renard et les raisins	68
98. Le laboureur et ses enfants	68
99. Les oiseaux. L'abbé Cassagne	69
100. Les deux voyageurs. Florian	69
101. Le roi de Perse et ses visirs. Florian	70
102. La petite mendiante. Boucher de Perthes	70
103. La grand'mère. Ratisbonne	71
104. Jupiter et la brebis. F. Jacquier	71
105. Le lézard et la tortue. Guichard	72
106. Les trois braves. Ch. Marelle	72

I. DESCRIPTIONS.

1. La terre.

La terre est ronde comme une boule et très grande; elle a dix mille lieues de tour. Si vous pouviez marcher toujours devant vous sans vous arrêter, vous mettriez plus de dix ans à faire le tour de la terre.

La terre se divise en cinq parties: l'Europe, l'Asie, l'Afrique, l'Amérique et l'Océanie. L'étude de la terre, notre demeure, est une science belle et utile: c'est la géographie.

1. Quelle est la forme de la terre, notre demeure?
2. Quel est le tour de la terre?
3. Combien de temps faudrait-il pour faire le tour de la terre?
4. En combien de parties se divise la terre?
5. Comment s'appelle l'étude de la terre?

2. Mouvements de la terre.

Quoique la terre nous paraisse immobile, elle tourne sur elle-même sans jamais s'arrêter. Elle tourne et nous tournons avec elle, ainsi que nos champs et nos maisons. Quand la terre, en tournant, présente au soleil les pays où nous sommes, c'est le jour pour nous et c'est la nuit pour les hommes placés sur l'autre moitié de la terre. Mais la terre continue de tourner; et, peu à peu, la nuit revient pour nous, le jour pour les autres hommes.

Le jour et la nuit durent ensemble vingt-quatre heures: c'est le temps que la terre met pour faire son tour complet sur elle-même. Pendant que la terre tourne, elle parcourt un grand cercle autour du soleil; mais, pour accomplir ce grand tour, elle met toute une année. Il y a trois cent soixante-cinq jours dans l'année.

1. Quand fait-il jour pour nous?
2. Quelle est la durée du jour et de la nuit ensemble?
3. En combien de temps la terre tourne-t-elle autour du soleil?

3. Le soleil; la lune.

Le soleil paraît à l'orient, alors commence le jour. Le soleil répand sa clarté sur les arbres, sur les maisons, sur les eaux; tout ce qu'il éclaire paraît éclatant et beau. Il nous donne la lumière et la chaleur; il mûrit les blés, il mûrit les fruits. — Quand le soleil est sur le point de se lever le matin et que le jour commence, l'alouette matinale vole au haut des airs en chantant ses plus agréables chansons, comme pour saluer le retour de l'astre bienfaisant. Lorsque le soleil brille de tout son éclat au milieu du jour, nous ne pouvons pas le regarder; car il nous éblouit et nous aveugle. Il n'y a que l'aigle qui ait l'œil assez perçant pour le regarder fixement.

La lune brille pour donner sa lumière pendant la nuit, lorsque le soleil est caché. La lumière de la lune est douce et modérée. Les étoiles brillent autour d'elle, mais elle paraît plus grande et plus éclatante que les étoiles: on dirait une belle perle au milieu d'un grand nombre de petits diamants étincelants.

1. Dans quelle direction nous apparaît le soleil le matin?
2. Quel effet le soleil produit-il sur la terre?
3. Que fait l'alouette le matin, quand paraît le soleil?
4. Quel est l'être qui peut regarder le soleil en face?
5. Quand brille la lune?

4. Les saisons.

Voici l'hiver maintenant, et avec l'hiver voici le froid. Il gèle. L'étang est gelé; la rivière est gelée. Voilà un homme qui patine; voilà des enfants qui glissent. Il neige. On ne voit plus ni le gazon, ni les allées sablées du jardin. La neige couvre les arbres et les haies. La neige est éclatante de blancheur; elle vient des nuages. Pendant l'hiver, la flamme brille dans le foyer, le coin du feu est agréable; on reçoit ses amis, les festins sont joyeux. — Après l'hiver vient le printemps; alors la chaleur est douce et bienfaisante; l'air est pur; les ruisseaux sont limpides, les prés sont fleuris. Alors il y a des tulipes, des primevères et d'autres fleurs charmantes. Les arbres se couvrent de fleurs et de feuilles vertes. Les oiseaux chantent agréablement; ils sont alors très occupés à ramasser des brins de foin, de mousse, de laine, pour bâtir leurs nids. Les jeunes agneaux bêlent en suivant leurs mères.

Après le printemps vient l'été. Le soleil est alors plus ardent, la chaleur est plus vive. Les jours sont longs. Les eaux sont tièdes, les bains sont agréables. Alors on fait la moisson, les fruits sont mûrs. Il y a d'abord des cerises, des groseilles, des fraises et plus tard des pêches, des prunes et d'autres fruits excellents. Il y a aussi de belles roses et de beaux œillets. Lorsque l'été est passé, les jours deviennent plus courts; il reste peu de fleurs dans les champs et dans les jardins; les feuilles des arbres commencent à se faner pour tomber ensuite. L'air est plus froid; mais ce n'est pas encore l'hiver: c'est l'automne, riche en fruits. Il y a des pommes, des poires, des raisins; les noix et les noisettes sont mûres.

5. L'habitation humaine.

Les premiers hommes ne savaient pas construire des maisons pour leur famille. Ils habitaient dans des cavernes, où ils rencontraient parfois des bêtes féroces, dans des cabanes, ou encore sous des tentes, comme celles des patriarches Abraham et Jacob. Maintenant la plupart de nos maisons sont bâties en pierre. Elles ont des charpentes en bois et en fer. Elles ont des toits en tuiles ou en ardoises, sous lesquels nous dormons tranquilles. — Combien nous sommes heureux de profiter du travail de ceux qui nous ont précédés!

1. Où habitaient les premiers hommes?
2. Comment sont bâties nos maisons maintenant?
3. Comment sont-elles couvertes?
4. De quoi sommes-nous heureux?

6. Les différentes parties d'une maison.

Avant de bâtir une maison, on en fait le plan, c'est-à-dire qu'on dessine bien exactement sur le papier, en les réduisant, la forme et la grandeur des pièces, la hauteur et la largeur des portes, ainsi que celle des fenêtres, enfin la place de chaque chose. Celui qui fait le plan de la maison s'appelle architecte. —

Si l'on bâtissait les murs de la maison au niveau de la terre, la maison ne serait pas solide; elle pencherait bientôt d'un côté ou de l'autre. Pour empêcher que cela n'arrive, on creuse d'abord des fossés à la place où l'on veut que soient les murs. C'est au fond de ces fossés que l'on commence à bâtir. On appelle les parties du bâtiment ainsi enfoncées dans la terre, les fondations. Entre les murs de fondation d'une maison se trouvent les caves et le sous-sol.

Une maison a souvent plusieurs étages. Au niveau de la terre est le rez-de-chaussée. L'étage au-dessus du rez-de-chaussée s'appelle le premier étage, celui qui est au-dessus du premier s'appelle le second; au-dessus du second, c'est le troisième et ainsi de suite jusqu'en haut. Le dernier étage s'appelle les combles. C'est là que sont les mansardes et le grenier.

1. Qu'est-ce que faire le plan d'une maison?
2. Par qui est-il fait?
3. Qu'est-ce que les fondations?
4. Pourquoi les fait-on?
5. Où se trouvent le sous-sol et les caves?
6. Et où le rez-de-chaussée?
7. Quelle partie de la maison s'appelle les combles?

7. Ma petite chambre.

Tu me demandes la description d'une petite chambre comme j'en voudrais une, la voici.

Je voudrais que ma petite chambre fût bien simple; elle donnerait sur un jardin, dans lequel il y aurait d'assez grands arbres pour que les petits oiseaux s'y donnassent rendez-vous pour leurs joyeux ébats, et que leur gentil babil me servît de réveille-matin. Le papier de ma chambre serait d'un bleu un peu clair; il me rappellerait ce beau ciel que je regarde avec tant de plaisir. Mon lit serait orné d'un couvre-pieds blanc et de rideaux de mousseline.

J'aurais une petite bibliothèque; j'y rangerais les livres que j'aurais gagnés à la distribution des prix, et quelques autres encore. Je voudrais avoir le portrait de ma mère chérie, celui de mon bon père, et le mien entre les deux. Enfin, j'aurais toujours des fleurs dans ma chambre: l'été j'en mettrais de naturelles; l'hiver, une petite jardinière pleine de fleurs artificielles serait placée entre mes deux croisées, et réjouirait ma vue.

8. Le cheval.

Le cheval est l'animal le plus utile à l'homme. Il est robuste: vous le voyez traîner de lourds fardeaux. Il est agile: vous le voyez emporter rapidement cavaliers ou voitures. Il est courageux, et même dans la bataille il ne fuit pas. Il est si docile que, dans les pays où on ne le frappe point, il obéit comme un chien à la voix de son maître. Les Arabes le laissent paître en liberté. Quand ils ont besoin de lui, ils sifflent, et le cheval accourt.

1. Quelles sont les qualités du cheval?
2. Comment obéit-il?
3. Que font les Arabes?

9. Le bœuf et la vache.

Les bœufs sont très forts; les avez-vous vus dans les champs traîner la charrue? La chair du bœuf sert à notre nourriture. La peau du bœuf et du veau fournit le meilleur cuir pour faire nos chaussures. La graisse du bœuf, qu'on appelle suif, comme celle du mouton, sert à faire les chandelles et les bougies qui nous éclairent. — La vache nous donne son bon lait chargé de crème. En battant le lait, la fermière fabrique le beurre. Quand on fait cailler le lait, on obtient du fromage.

1. Quel travail fait le bœuf dans les champs?
2. A quoi sert la chair du bœuf?
3. Et que nous fournit la peau?
4. Comment s'appelle la graisse du bœuf?
5. A quoi sert-elle?
6. Qu'est-ce que nous donne la vache?
7. Comment fait-on le beurre et le fromage?

10. Le chien.

Le chien est, de tous les animaux, celui qui aime le plus son maître: il le défend au péril même de sa vie. Le chien de berger garde les troupeaux. Il est courageux; si le loup attaque les animaux confiés à ses soins, le chien lutte avec lui. — Souvent, dans les hautes montagnes des Alpes, les voyageurs se trouvent engloutis sous les neiges; mais de grands chiens, dressés par les religieux du mont Saint-Bernard, vont à leur recherche; ils les découvrent sous la neige. Ces chiens portent à leur cou un petit baril d'eau-de-vie, où le voyageur défaillant trouve un cordial qui le ranime.

Le chien de Terre-Neuve nage admirablement, et sauve les personnes qui se noient. — Le caniche de l'aveugle conduit son maître; il le mène avec précaution, évitant les endroits dangereux pour celui qu'il est chargé de diriger.

1. Lequel de tous les animaux aime le plus son maître?
2. Que fait le chien de berger?
3. Que font les chiens du mont Saint-Bernard?
4. Ces chiens que portent-ils à leur cou?
5. En quoi se distingue le chien de Terre-Neuve?
6. Que fait le caniche de l'aveugle?

11. La chèvre.

La chèvre existe en domesticité et à l'état sauvage; elle donne des produits avantageux, et sa nourriture ne coûte presque rien. Elle aime les collines escarpées, où elle broute les herbes incultes et les jeunes arbrisseaux. Son lait est préféré à celui de la vache pour l'allaitement des enfants; il sert aussi à faire des fromages. La chèvre, bien qu'elle s'accoutume facilement à la vie domestique, conserve cependant toujours quelque chose de son humeur capricieuse et vagabonde. Les chèvres du Tibet et celles de la province de Cachemire, en Asie, donnent un poil fin et soyeux qui sert à faire des étoffes très recherchées et particulièrement l'étoffe qui est connue sous le nom de cachemire.

12. L'écureuil.

L'écureuil peut être compté parmi les quadrupèdes dont la forme a le plus d'élégance; sa légèreté ajoute à sa grâce; sa queue est d'une étonnante mobilité; c'est une ombrelle qu'il élève au-dessus de sa tête pendant les chaleurs de la journée, c'est un gouvernail ou une voile qu'il sait habilement diriger quand il est forcé de traverser l'eau sur une écorce légère. C'est avec beaucoup d'industrie que l'écureuil fait son nid: il élève dans l'enfourchure d'un arbre des bûchettes qu'il entrecroise, et amasse dans les vides une assez grande quantité de mousse; puis il foule le petit dôme qu'il obtient ainsi jusqu'à ce qu'il lui ait donné assez de solidité pour résister aux injures du temps et pour le mettre à l'abri, lui et sa famille, contre la fureur des vents. Quand ce travail est terminé, pour empêcher la pluie de pénétrer par l'ouverture supérieure, l'écureuil construit une petite toiture, qu'il attache solidement et qui sert de couronnement à son petit édifice.

13. Les oiseaux.

Les oiseaux construisent leurs nids avec des brins de mousse et avec les brins de laine que les brebis ont laissés accrochés aux buissons: car, dans la nature, rien ne se perd. — Beaucoup d'oiseaux nourrissent leurs petits avec des vers et des chenilles. Sans les oiseaux, savez-vous tout le mal que feraient ces vers et ces chenilles? Vers et chenilles dévoreraient nos récoltes.

14. Le cygne.

Le cygne, qui attire si souvent l'attention des enfants dans nos jardins publics, est un des plus beaux oiseaux nageurs. Aucun autre ne possède plus d'élégance dans les formes, ni de majesté dans le port et les attitudes. La grâce de ses mouvements, la blancheur de son plumage, la couleur orangée de son bec et de ses pattes, la forme de son corps surmonté de ses ailes transparentes, qu'il élève comme deux voiles, le font ressembler à un navire magnifique. Aux dons de la beauté et de la douceur le cygne joint un courage dont il semble être fier. Il nage si vite, dans les lacs et les étangs, qu'un homme marchant sur le bord a de la peine à le suivre. „A sa noble aisance, dit Buffon, à la facilité de ses mouvements sur l'eau, on doit le reconnaître non seulement comme le premier des navigateurs ailés, mais comme le plus beau modèle que la nature nous ait offert pour l'art de la navigation". — A leur naissance et dans leur jeune âge, les petits cygnes sont couverts d'un duvet gris comme la plupart des oisons; ce n'est qu'après un certain temps qu'ils prennent leur beau plumage blanc. — Les cygnes ont une très longue vie; elle peut, dit-on, se prolonger jusqu'à deux cents ans.

1. A quoi le cygne ressemble-t-il, quand il élève ses ailes?
2. Le cygne est-il bon nageur?
3. De quoi les cygnes sont-ils couverts dans leur jeune âge?
4. Que dit-on de la longueur de leur vie?

15. Les abeilles.

La sagesse et la prévoyance de Dieu sont admirables dans les petites choses comme dans les grandes. Voyez ce que fait l'abeille. Elle ne se contente pas de sucer le miel qu'elle trouve dans les fleurs et de s'en nourrir jour par jour; elle en fait provision pour toute l'année et principalement pour l'hiver. Elle charge de tout ce qu'elle peut emporter les petits crochets dont ses jambes sont garnies, mais en évitant d'engluer ses ailes, qui lui sont nécessaires pour voler çà et là et pour retourner à sa ruche.

Si l'on n'a pas pris soin de lui préparer une ruche, l'abeille s'en fait une elle-même dans le creux d'un arbre ou d'un rocher. Elle compose, avec la cire, de petites cellules qui doivent servir de réservoirs. Puis elle fait couler dans ces réservoirs le miel pur et sans mélange, et de quelque abondance qu'elle voie ses magasins remplis, elle ne se repose que lorsque le temps du travail et de la récolte est passé. — On ne connait dans cette république ni la paresse, ni l'avarice, ni l'amour-propre.

16. Les fourmis.

Dieu a mis dans un petit animal, appelé fourmi, une industrie aussi merveilleuse que dans l'abeille. Ce petit insecte est averti que le blé mûr n'est pas longtemps exposé dans les champs. Aussi, durant la moisson, la fourmi ne dort plus. Elle traîne, avec de petites serres qu'elle a à la tête, des grains qui pèsent trois fois plus que son corps, et elle-même avance comme elle peut à reculons. Quelquefois elle trouve en chemin quelque amie qui lui prête secours, mais elle ne s'y attend pas.

Le grenier où tout doit être porté est public. Ce grenier est composé de plusieurs chambres qui communiquent entre elles par des galeries, et qui sont toutes creusées si avant, que les pluies et les neiges ne pénètrent point jusqu'à leur voûte. Les souterrains creusés par la main des hommes, les citadelles élevées par la main des hommes, sont des inventions moins parfaites que les demeures des fourmis, appelées fourmilières. Lorsque les greniers sont pleins, on commence à mettre en sûreté le grain, en le rongeant par les deux bouts, pour l'empêcher de germer.

17. La cigale.

A l'époque où l'on coupe les grains, les champs sont peuplés d'une multitude d'insectes appelés sauterelles. Quelques-uns de ces insectes, plus gros que les autres et entièrement verts, passent généralement pour des cigales. C'est une erreur. La cigale n'a aucun rapport pour la forme avec la sauterelle; elle n'appartient pas à la même famille dans l'histoire naturelle, et ses mœurs sont tout à fait différentes. Les cigales ne se trouvent et ne peuvent vivre que dans le midi de la France et dans les pays où l'été est chaud et prolongé. Elles se rassemblent sur les arbres et font entendre leur chant monotone pendant les chaleurs des mois de juillet et d'août, et surtout au milieu du jour. Munies de quatre ailes, elles volent avec rapidité. Le soir et le matin, lorsque l'air est plus froid, elles s'engourdissent un peu, et on les prend aisément sur les arbres où elles séjournent. Les femelles sont armées d'une espèce de tarière, dont elles se servent pour cribler les branches d'une multitude de petits trous assez profonds, dans lesquels elles déposent leurs œufs. Lorsque ces œufs sont éclos, les larves quittent cette habitation, gagnent la terre et s'y enfoncent: c'est là qu'elles subissent toutes leurs métamorphoses; c'est de là qu'elles sortent pour s'envoler sur les arbres.

1. Avec quel autre insecte ne doit-on pas confondre la cigale?
2. Où seulement les cigales peuvent-elles vivre?
3. A quelle époque de l'année font-elles entendre leur chant sur les arbres?
4. Quand peut-on les prendre aisément?
5. Pourquoi?
6. Où déposent-elles leurs œufs?
7. Où les cigales subissent-elles toutes leurs métamorphoses?

18. L'araignée.

L'araignée tisse une toile régulière avec un fil soyeux dont la finesse est extrême; cette toile est une embûche dressée aux mouches et aux petits papillons dont l'araignée se nourrit. Immobile au centre de son réseau ou cachée dans un renfoncement de sa toile, elle est constamment aux aguets; et, dès qu'elle aperçoit un insecte pris dans le piège, elle accourt, le saisit, et le suce sans le dévorer. Il y a des araignées qui ne filent pas de toiles, et qui prennent leur proie de vive force, en se précipitant sur elle à l'improviste. Les flocons blancs et soyeux que l'on nomme vulgairement fils de la Vierge sont produits par des araignées de diverses espèces. Les araignées, pressées par la faim, se font la guerre entre elles; néanmoins, malgré leur caractère farouche, elles sont susceptibles de s'apprivoiser. L'araignée de nos pays, dont la morsure n'est jamais dangereuse, rend quelques services en faisant la chasse à une foule d'insectes nuisibles aux fruits de la terre.

19. Utilité des plantes.

Il faudrait de bien longues pages pour décrire l'utilité des plantes. Quelques-unes, telles que le blé, le riz, la pomme de terre et une foule d'autres, servent de nourriture à l'homme. Les plantes nourrissent aussi les animaux, tels que le boeuf, le mouton, et beaucoup d'autres qui doivent servir eux-mêmes de nourriture à l'homme. — Le chanvre et le lin, qui servent à faire la toile, le coton, avec lequel on fabrique des tissus si variés, sont fournis par des plantes. Ces tissus sont employés comme vêtements et pour beaucoup d'usages domestiques. —

Ce sont les plantes qui nous donnent la plupart des remèdes employés dans les maladies. Les arbres procurent à l'homme du bois pour se chauffer ou pour construire des vaisseaux, des maisons et toutes sortes de meubles utiles.

Enfin, parmi cette immense variété de plantes que Dieu a répandues sur la terre, les unes par leur feuillage nous garantissent des ardeurs du soleil, les autres charment notre vue par la beauté des fleurs qui s'épanouissent sur leur tige.

20. Le blé et le pain.

Quand les blés ont jauni au soleil de l'été et qu'ils sont mûrs, on les coupe, et on bat leurs épis pour faire sortir le grain. Puis on va porter le grain au moulin, où le meunier en fait de la farine. Avec la farine pétrie on cuit au four le pain et les bonnes galettes.

Le pain est la nourriture de tous. Ne perdez jamais un morceau de pain: il y a des hommes, il y a des enfants de votre âge qui n'ont point toujours assez de pain pour se nourrir.

21. Le chêne.

Le chêne est sans contredit le plus précieux et le plus utile de tous les arbres qui peuplent nos forêts. Son bois est généralement employé pour le chauffage, et préféré à tous les autres, soit pour la construction des maisons et des vaisseaux, soit pour les arts mécaniques, c'est-à-dire pour les ouvrages que font les menuisiers, les charrons, les ébénistes, les tonneliers, les sculpteurs en bois. Son écorce, avec laquelle on fait le tan, sert à la préparation des cuirs et à l'industrie de la teinture. Les glands, qui sont les fruits du chêne, sont un bon aliment pour les animaux domestiques et les oiseaux de basse-cour. Il y a même des pays où les glands sont si doux, que les habitants peuvent s'en nourrir.

II. DIALOGUES.

22. Le tableau noir.

Qu'appelle-t-on tableau noir? (un grand tableau de bois dur, peint en noir).
Où se sert-on principalement de tableaux noirs? (dans les écoles).
Où un tableau est-il ordinairement placé? (sur un chevalet; fixé au mur; suspendu à des clous fixés dans le mur).
Où est placé le tableau noir que vous voyez ici devant vous?
Le tableau placé sur un chevalet est-il mobile ou immobile?
Et les tableaux noirs fixés au mur, comment sont-ils?
Quelle est la forme du tableau noir? (carré).
Comment nomme-t-on l'ouvrier qui fait les tableaux noirs?
De quelle matière les tableaux noirs sont-ils faits?
Nommez d'autres objets qui sont faits de bois.
A quoi sert le tableau noir dans les écoles? (On peut s'en servir pour y écrire des lettres, des syllabes, des mots, des phrases et des chiffres; pour y tracer des lignes; pour y dessiner des figures).
Qui est-ce qui écrit ordinairement sur le tableau noir?
Avec quoi écrit-on sur le tableau noir? (avec de la craie).
De quelle couleur est cette craie?
Ne peut-on pas écrire sur le tableau noir avec un crayon ou avec une plume?
Pourquoi pas? (parce qu'on ne verrait pas l'écriture).
Avec quoi efface-t-on ce qu'on a écrit sur le tableau noir?

Nach Keller (System. Frz. Sprechüb.)

23. De la lecture.

Où en sommes-nous restés?
Au neuvième chapitre. — Jusqu'où lirons-nous aujourd'hui, monsieur?
Cela dépend de l'application que vous apporterez à la lecture; donc vous n'aurez la réponse qu'à la fin de la leçon. Commencez.
(Après avoir lu.) Est-ce bien comme ça?
Vous lisez couramment, mais un peu trop bas.

Faut-il que je recommence?
Oui, recommencez et lisez plus haut; mais auparavant faites l'analyse de la dernière phrase.
Faut-il aussi épeler les mots inconnus?
Cela n'est pas nécessaire. Avez-vous bien saisi le sens de ce qui précède?
Oui, monsieur, j'ai tout compris.
Alors c'est à votre voisin de continuer.

24. Le déjeuner.

Avez-vous déjeuné? — Pas encore.
Vous arrivez à propos pour déjeuner avec moi. — Vraiment, j'ai peur de vous déranger.
Allons, ne faisons point de cérémonies. — Mais votre déjeuner est-il prêt?
Tout est prêt comme vous voyez. Je n'ai qu'à sonner pour une autre tasse. — Vous êtes bien bon; j'accepte.
Prenez-vous du thé ou du café au lait? — Si j'ai le choix, je préfère le café.
J'espère que le café est à votre goût? — Il est excellent.
Votre tasse n'est qu'à moitié pleine. — J'en ai assez pour le moment.
Accepterez-vous du lait, faute de crème? — Volontiers. Je l'aime beaucoup.
Si votre café n'est pas assez sucré, voici le sucrier, veuillez vous servir. — Je vais prendre encore un peu de sucre; j'aime le café très sucré.
Permettez-moi de vous en verser encore. — Arrêtez, je vous prie, c'est assez.
Voici du pain et du beurre; servez-vous. — Ce pain blanc est très bon, et ce beurre est tout frais.
Puis-je vous offrir un petit gâteau? — Je vous remercie, je préfère le pain.
Il y a aussi des tartines et du biscuit. — Je préfère une simple beurrée.
Ne laissez pas refroidir votre café. — Votre tasse est vide. — Vous voyez que j'ai bon appétit.
Voici la cafetière. Servez-vous sans gêne; il y en a plus qu'il ne nous en faut.
Aimez-vous les œufs frais? — J'aime beaucoup les œufs à la coque.

Nach Otto.

25. Après une promenade.

Êtes-vous fatigué?	Je suis un peu fatigué.
Votre cousin est-il aussi fatigué?	Il est encore plus fatigué que moi.
Lequel est le plus fatigué?	Mon frère Jules.
Êtes-vous allés loin?	Nous avons marché deux lieues, jusqu'à N.
Qui est allé avec vous?	Notre oncle est allé avec nous.
Le chemin est-il sec?	Il est passablement sec.
Y a-t-il de l'ombre?	Le chemin est planté d'arbres tout le long.
De quels arbres?	De cerisiers et de noyers.
Ces arbres sont-ils hauts?	Quelques-uns sont hauts, d'autres le sont moins.
Y voit-on beaucoup de fruits?	Tous les arbres sont chargés de fruits.
Les cerises sont-elles déjà mûres?	Elles ne sont pas encore mûres.
Quand seront-elles mûres?	Elles seront mûres dans quinze jours.
Aimez-vous les cerises?	Certainement, je les aime beaucoup.
Les aimez-vous mieux que les fraises?	Oui, je les aime mieux.

Nach Otto (Conversations fr.).

26. Pour demander le chemin.

Voudriez-vous me dire où est le chemin pour aller à S.?	Vous y êtes, monsieur, c'est le chemin.
Oserais-je vous demander aussi, si ce chemin va directement à S.?	Oui, c'est le droit chemin, vous ne pouvez vous égarer.
Peut-on voir la ville de loin?	Vous la verrez dès que vous aurez passé la forêt.
Combien y a-t-il encore d'ici à cette ville?	Il n'y a pas bien loin; à peu près quatre lieues.
N'y a-t-il pas de rivière à passer?	Non, mais une petite montagne.
Ne pourrait-on pas abréger le chemin?	Si fait, il y a une traverse par laquelle on gagne une demi-lieue.
A quelle distance d'ici commence le chemin de traverse?	A la sortie du premier village.

Est-ce le village qu'on découvre d'ici? Non, vous laisserez celui-là à gauche.
Comment appelle-t-on l'autre village? L'autre village s'appelle Bois Villard.
Merci bien de vos renseignements. Pas de quoi.

Nach Otto.

27. Les divisions du temps.

Qu'est-ce qu'un jour? Un jour est l'espace de temps que la terre met à tourner sur elle-même. On appelle jour civil l'intervalle de temps d'un minuit à l'autre. Quand on veut désigner le temps qui s'écoule entre le lever et le coucher du soleil, on le nomme par opposition jour naturel.

Qu'est-ce que la nuit? C'est l'espace de temps qui s'écoule depuis le coucher du soleil jusqu'à son lever.

Comment se divise un jour? Il se divise en vingt-quatre heures; chaque heure comprend soixante minutes, et chaque minute est subdivisée en soixante secondes.

Qu'est-ce qu'une semaine? C'est un espace de sept jours, qui commence ordinairement le dimanche.

Quels sont les noms des jours de la semaine? Dimanche, lundi, mardi, mercredi, jeudi, vendredi, samedi.

Qu'est-ce que le dimanche? Le dimanche est le jour consacré au repos et au service de Dieu.

Qu'est-ce qu'un mois? C'est un espace de quatre semaines et quelques jours, qui se compose ordinairement de trente ou trente et un jours, et une fois par an de vingt-huit ou vingt-neuf jours.

Quels sont les noms des mois? Janvier, février, mars, avril, mai, juin, juillet, août, septembre, octobre, novembre, décembre.

Combien chaque mois a-t-il de jours? Janvier, mars, mai, juillet, août, octobre et décembre ont trente et un jour chacun; avril, juin, septembre, novembre en ont trente; février a vingt-huit ou vingt-neuf jours.

Qu'est-ce qu'une année? C'est l'espace de douze mois.

Combien y a-t-il de semaines dans l'année? Cinquante-deux semaines.

Combien y a-t-il de jours dans l'année? Trois cent soixante-cinq jours.
Qu'est-ce qu'une année bissextile? C'est une année qui revient tous les quatre ans et qui compte un jour de plus que les années ordinaires. C'est alors que février a vingt-neuf jours au lieu de vingt-huit.
Quand commence l'année? Le premier janvier, désigné communément sous le nom de jour de l'an.

28. Le corps humain.

Quelles sont les parties principales du corps humain?
Ce sont la tête, le tronc et les membres.
Comment s'appelle le devant de la tête?
Il s'appelle la figure ou le visage.
Comment nomme-t-on la partie supérieure du visage?
On la nomme le front.
Nommez les autres parties de la figure.
Ce sont les yeux, le nez, la bouche, le menton et les joues.
Quelles sont les petites membranes qui couvrent les prunelles quand nous fermons les yeux?
Ce sont les paupières.
De quoi les paupières sont-elles bordées?
Elles sont bordées de cils.
Qu'est-ce que les sourcils?
Ce sont les petits poils qui forment un demi-cercle au-dessus des yeux.
Quelles sont les principales parties de la bouche?
Ce sont les lèvres, les dents, les gencives, la langue et le palais.
Où se trouvent les oreilles?
Elles se trouvent des deux côtés de la tête.
De quoi la partie supérieure de la tête est-elle recouverte?
Elle est recouverte de cheveux.
Comment s'appelle l'ensemble des ossements qui renferment la cervelle?
Il s'appelle le crâne.

Quelle partie du corps relie la tête au tronc?
C'est le cou.
Nommez les parties extérieures du tronc.
Ce sont les épaules, la poitrine, le dos, les côtés, le ventre et les hanches.
Quels sont les organes de la circulation du sang?
Le cœur, les poumons et les veines.

Quels autres organes y a-t-il encore dans l'intérieur de notre corps?
L'estomac, le foie y compris la bile, la rate et les intestins du bas-ventre.
5 Qu'est-ce qu'on désigne sous le nom de membres du corps humain?
Sous cette dénomination on comprend les bras et les jambes.
Il y a une grande analogie entre les membres supérieurs et les membres inférieurs. Quelle est-elle?
10 La main correspond exactement au pied, l'avant-bras à la jambe, le bras à la cuisse.
A quoi correspondrait alors le coude?
Il correspondrait au genou.
Et le poignet?
15 A la cheville ou au cou-de-pied.
Comment s'appelle le plus grand doigt du pied?
Il s'appelle l'orteil.
Quels sont les doigts de la main qui ont le plus d'importance?
20 C'est le pouce et l'index.

29. Les cinq sens.

Combien l'homme et les animaux ont-ils de sens?
L'homme et les animaux ont cinq sens.
Quels sont les cinq sens?
25 Ce sont: la vue, l'ouïe, l'odorat, le goût et le toucher.
Que distinguez-vous par la vue?
Par la vue, nous distinguons la forme et la couleur des objets.
Qu'est-ce que vous entendez par l'ouïe?
30 Par l'ouïe nous entendons le bruit, les sons.
A quoi sert l'odorat?
Il nous fait distinguer les odeurs.
Qu'est-ce que le goût vous fait connaître?
Le goût nous fait connaître si ce que nous mangeons est
35   bon, mauvais, salé ou sucré.
A quoi sert le toucher?
Le toucher nous fait sentir si un objet est lisse ou rude, froid ou chaud, mou ou dur.
Qu'est-ce que les organes des sens?
40 Les organes des sens sont les parties du corps par lesquelles les sens s'exercent.
Quels sont les organes de la vue?
Les yeux sont les organes de la vue.

Quels sont les organes de l'ouïe?
Les oreilles sont les organes de l'ouïe.
Nommez les organes de l'odorat et du goût.
Le nez est l'organe de l'odorat; la langue et le palais sont les organes du goût.
Quels sont les organes du toucher?
Ce sont les mains; cependant toutes les parties du corps ont la faculté de sentir en touchant.

30. La fête du grand-père.

Louise, Henri, Paul.

Louise.

Mes chers frères, je vous ai réunis ici pour délibérer sur une affaire importante.

Henri.

Quel ton solennel! Allons, je vois qu'il ne faut pas plaisanter. Mais de quoi s'agit-il? Nous as-tu convoqués pour examiner un nouveau dessin de broderie ou, comme le sénat de l'empereur Domitien, pour délibérer sur la sauce d'un poisson?
(Il déclame.)
Le sénat mit aux voix cette affaire importante,
Et le turbot fut mis à la sauce piquante.

Louise.

Parlons sérieusement, s'il vous plaît. Je viens vous consulter sur les compliments que nous devons réciter à notre bon grand-père, à l'occasion de sa fête. Où en êtes-vous?

Henri.

Le mien est à peu près terminé.

Paul.

Je me suis mis au travail, mais je n'avance guère vite.

Louise.

Voici ce dont il s'agit, et je viens humblement soumettre à vos hautes lumières le résultat de mes méditations. Puisque nous devons tous les trois ensemble souhaiter la fête à notre cher grand-père, pourquoi ne pas réunir nos trois compliments en un seul? Qu'en dites-vous?

Henri et Paul.

L'idée est excellente.

Louise.

Nous éviterons ainsi des répétitions, et un compliment collectif sera l'expression réelle de nos sentiments, puisque tous les trois nous avons pour notre grand-père la même tendresse, la même affection.

Henri et Paul.

Très bien!

Louise.

Dans ce cas, puisque vous approuvez mon projet, il faut nous mettre à l'œuvre. Voyons, que dirons-nous à notre grand-père?

Henri.

Que nous l'aimons toujours de plus en plus et que nous ne cesserons jamais de l'aimer.

Paul.

Que nous sommes bien reconnaissants de ses bontés pour nous, et que nous tâcherons de nous en rendre dignes en devenant de jour en jour plus obéissants et plus studieux.

Henri.

Il faut lui dire aussi que notre vœu le plus cher est de le voir toujours heureux.

Paul.

Et en bonne santé.

Louise.

C'est très-bien. Nous ajouterons que nous ne l'oublions pas dans nos prières et que nous invoquons chaque jour en sa faveur la protection divine. Eh bien! notre compliment est terminé; mais qui se chargera de l'écrire?

Henri.

Ah! voilà la grande difficulté.

Paul.

Quant à moi, je ne me sens pas en verve.

Louise.

Je vais faire cesser votre embarras, mes chers frères. *(Elle tire de sa poche un rouleau de papier.)* J'avais composé un compliment en votre nom et au mien; mais ne sachant s'il vous conviendrait, j'ai d'abord voulu vous consulter. Le voici. C'est également votre ouvrage, car tous les sentiments que vous venez d'exprimer y sont retracés. Mais qui le récitera?

Paul.
C'est à toi que revient cet honneur, chère sœur.
Henri.
Paul a raison. Ce droit appartient à l'auteur.
Louise.
Eh bien! puisque vous le voulez, j'y consens. Mais, je vous le répète, ce compliment est notre œuvre à tous les trois: nous aurons à partager la critique ou l'éloge.
(Ils s'avancent vers leur grand-père.)
Louise, lisant.
«Cher grand-père, vos petits-fils et votre petite-fille viennent vous souhaiter une bonne fête et vous renouveler les sentiments de vive affection et de gratitude qu'ils n'ont cessé d'avoir pour vous. Oui, bon papa, depuis que nous sommes en âge de vous connaître, nous vous chérissons et nous tâchons d'être dignes de votre tendresse. Nous ne pouvons répondre à vos bontés qu'en vous satisfaisant par notre bonne conduite et notre assiduité au travail. C'est aussi notre plus ferme intention. Soyez certain que vos petits-fils et votre petite-fille ne recherchent que les occasions de contribuer, autant qu'il leur est possible, à votre bonheur. Cher grand-père, nous prions Dieu avec ferveur pour qu'il vous accorde une bonne santé et une existence longue et heureuse.»

Melcy.

III. FABLES ET PARABOLES.

31. Le coucou.

Le coucou s'entretenait avec un sansonnet qui était parvenu à s'enfuir de la ville voisine, et il lui demandait: Que dit-on dans la ville de nos mélodies? Que dit-on du rossignol? — Tout le monde le loue, répondit le sansonnet. — Et de l'alouette? — Oh! l'on aime aussi sa voix. — Et du merle? — On l'entend vanter par-ci, par-là. — Et que dit-on de moi? demanda enfin le coucou. — De toi? vraiment pas une âme n'en dit mot.

Les ingrats! soupira le coucou. Eh bien, je m'en vengerai, et pour cela, je parlerai continuellement de moi.

32. Le singe et la montre.

Un singe trouva un jour une montre, qu'il suspendit à son cou avec un cordon. De temps en temps, il la regarde et se demande: Que manque-t-il donc à cette montre? bien sûr, elle ne va pas. Et alors il l'ouvre, et la ferme, et la tourne en tous sens. Puis il fait mouvoir l'aiguille, met la montre à son oreille, et se dit: Ce mouvement-là est faux: et il commence à remuer la chaîne, à déranger les roues, à la toucher de côté et d'autre, dans l'intérieur. Et bref, il la remue et la secoue tant qu'à la fin elle s'arrête tout à fait.

Il en arriva dans cette occasion au singe comme il en arrive d'ordinaire à tous ceux qui veulent gouverner les choses auxquelles ils n'entendent rien.

33. Les deux socs de charrue.

Deux socs de charrue avaient été façonnés tout à fait pareils l'un à l'autre; ils provenaient de la même barre de fer, ils étaient sortis de la même main. L'un d'eux fut aussitôt mis en usage, l'autre fut jeté dans un coin du hangar, où il demeura sept ou huit mois, et se couvrit de rouille. Au bout de ce temps, enfin, on se souvint de lui, et on le sortit de sa retraite.

Mais quel fut son étonnement, lorsqu'il reconnut son frère et qu'il se compara à lui! Car il le vit luisant, poli, clair comme un miroir, et plus beau encore que lorsqu'il sortait des mains du forgeron. ‹Est-il possible que je te retrouve ainsi, s'écria-t-il, et nous étions pourtant si semblables l'un à l'autre! Qu'est-ce qui t'a donc rendu si beau, lorsque moi, le repos le plus doux m'a tellement enlaidi?›

‹C'est précisément ce repos qui t'est devenu funeste, lui répondit son frère: l'exercice et le travail m'ont été favorables, et c'est à eux que je rends grâces d'être en meilleur état que toi.›

34. Les deux rats.

Un rat des champs devint l'ami d'un rat de ville. Ils voulurent se donner réciproquement des marques de cette douce amitié. Le rat des champs invita, le premier, le rat de ville et le reçut dans sa modeste demeure. Il lui offrit des mets très simples, des raisins, des figues, des noix et un morceau de fromage déjà rongé. Mais tout cela fut offert de bon cœur, et rien ne troubla ce repas frugal.

Le rat de ville, voulant à son tour recevoir son ami, lui fait prendre le chemin de la ville et l'introduit dans la maison d'un riche habitant. Les restes d'un grand souper de la veille étaient encore étalés sur un buffet dans des plats d'argent. Mais à peine se mettent-ils à leur repas, qu'on vient les interrompre; et toutes les fois qu'ils veulent recommencer, un nouvel obstacle les empêche de toucher au festin. Enfin le rat des champs dit à son ami: ‹Je m'en vais; j'aime mieux ma simplicité champêtre et ma vie frugale que toutes les délices des villes.›

Tant il est vrai que la médiocrité est préférable aux richesses!

35. Le travail est un trésor.

Un laboureur, étant sur le point de mourir, et voulant donner à ses enfants une dernière preuve de sa tendresse, les fit venir auprès de lui et leur dit: «Mes enfants, après moi vous aurez le champ que mon père a possédé, le champ qui m'a servi à élever et à nourrir ma famille. Cherchez bien dans ce champ, vous trouverez un trésor.›

Les enfants, après la mort de leur père, se mirent à retourner le champ en tous sens, remuant, bêchant, labourant la terre. Ils n'y trouvèrent ni or ni argent; mais la terre, bien remuée, bien labourée, bien travaillée, produisit une moisson abondante.

Le sage vieillard ne les avait point trompés: il leur avait enseigné que le travail est un trésor.

36. Le lion et la souris.

Après avoir chassé toute la journée, un lion s'était endormi dans son antre. Autour de lui s'ébattit une troupe de souris. L'une d'elles qui avait grimpé sur une saillie de rocher, dégringola et tomba sur le lion qui se réveilla et maintint l'étourdie sous sa patte puissante. «Je vous en prie, lui disait-elle câlinement, montrez-vous généreux envers une pauvre petite souris. Je n'ai point eu l'intention de vous offenser. Un faux pas m'a fait tomber sur vous. Ma mort ne peut vous servir de rien, et, en m'accordant la vie, vous vous assurez ma reconnaissance éternelle.» «Va!» dit magnanimement le lion en levant sa patte.

La souris ne se le fit pas répéter, et détala au plus vite.

Le roi des animaux, en se rendormant, ne put s'empêcher de marmotter: «Je crois qu'elle a parlé de reconnaissance! Il serait curieux de savoir comment et en quoi un animal tel que moi peut être l'obligé d'une souris!»

A quelque temps de là, la souris, qui trottinait à travers la forêt, cherchant des noisettes, entendit un rugissement désespéré.

«Voilà un lion en danger, dit-elle, en se dirigeant de ce côté.» Elle aperçut alors le lion qui avait été généreux envers elle, pris dans les filets qu'un chasseur tendait aux gros animaux sauvages. Les cordes, artistement tressées, s'étaient entortillées autour de ses pattes, en raison des efforts qu'il avait faits pour se dégager; de sorte que ni ses griffes formidables, ni ses dents aiguës n'avaient pu le tirer de là. «Attends, mon ami, dit la souris, je crois pouvoir t'être de quelque utilité.» Sur ce elle se mit à ronger patiemment une des cordes. Celle-là emportée, les autres se relâchèrent, et le lion put se dépêtrer.

Il dut sa délivrance à la souris; tant il est vrai qu'on peut avoir besoin d'un plus petit que soi, et que toute bonne action mérite sa récompense.

37. Le coq et le renard.

Un renard, voyant des poules juchées avec un coq dans une cour, tâchait de les attirer par de belles paroles. «J'ai, dit-il, une bonne nouvelle à vous apprendre; c'est que les animaux ont tenu un grand conseil, et ont fait entre eux une paix éternelle. Descendez; célébrons, de bonne amitié, cette paix.» — Le coq, plus fin que le renard, se dresse sur ses ergots et regarde de tous côtés. — «Que regardez-vous donc?» — «Je regarde deux chiens qui s'avancent;» — et le renard de fuir à toutes jambes. — «Eh! dit le coq, la paix est faite entre les animaux.» — «Oh! lui crie le renard en courant de plus belle, peut-être que ces deux chiens n'en savent pas encore la nouvelle.»

38. La jeune mouche.

Une mouche était posée sur le bord d'un pot plein de lait. Elle était jeune, étourdie, inexpérimentée, incapable de se conduire. Sa mère lui dit: «Mon enfant, fais comme moi, reste sur le bord, autrement tu es perdue; il est vrai que tu ne vois pas le danger, tu es trop jeune; mais crois-moi toujours et suis mon conseil, sans quoi tu t'en repentiras trop tard.» L'étourdie lui répondit: «Oh! je le savais bien, la vieillesse a peur de tout; mais j'en courrai les risques, je veux faire le saut périlleux. — A quoi penses-tu? lui cria la vieille, il y va de ta vie, arrête! — Eh quoi! disait la jeune, me prend-on pour un enfant, ou n'y a-t-il que la vieillesse qui soit sage? Allons, je tente le destin.» La vieille eut beau prêcher, prier même et conjurer, elle parlait à une sourde. La jeune étourdie va se planter dans le beau milieu du pot, et la voilà qui nage dans une mer de lait; elle enfonce, se débat, reparait, fait les derniers efforts pour se dégager du gouffre; mais elle a beau s'agiter, se tourner en tous sens, ses forces sont bientôt épuisées, et elle périt victime de son imprudence.

39. L'homme, le plaisir et le chagrin.

Mon ami, qui es-tu? demande l'homme.
On m'appelle le plaisir.
Et toi dont les traits sombres expriment la tristesse?
Je suis le chagrin.
C'est bien, je te laisse là; mais toi, mon bon, mon joyeux plaisir, tu dois être à moi, et ne plus me quitter.
Non pas, répond le plaisir. Cela ne peut pas aller ainsi; celui qui veut me prendre, doit prendre aussi le chagrin, que le Ciel m'a donné pour compagnon. Nous sommes unis l'un à l'autre; quelquefois je vais en avant, quelquefois je viens après; mais l'on ne peut jamais nous séparer.

40. La patience et l'éducation corrigent bien des défauts.

Une ourse avait un petit ours qui venait de naître. Il était horriblement laid. On ne reconnaissait en lui aucune figure d'animal: c'était une masse informe et hideuse. L'ourse, toute honteuse d'avoir un tel fils, va trouver sa voisine la corneille, qui faisait grand bruit par son caquet sous un arbre. Que ferai-je, lui dit-elle, ma bonne commère, de ce petit monstre? j'ai envie de l'étrangler. Gardez-vous en bien, dit la causeuse: j'ai vu d'autres ourses dans le même embarras que vous. Allez: léchez doucement votre fils; il sera bientôt joli, mignon, et propre à vous faire honneur. La mère crut facilement ce qu'on lui disait en faveur de son fils. Elle eut la patience de le lécher longtemps. Enfin, il commença à devenir moins difforme, et elle alla remercier la corneille en ces termes: Si vous n'eussiez modéré mon impatience, j'aurais cruellement déchiré mon fils, qui fait maintenant tout le plaisir de ma vie. Oh! que l'impatience empêche de biens et cause de maux! Fénelon († 1715).

41. Les deux renards.

Deux renards entrèrent la nuit, par surprise, dans un poulailler; ils étranglèrent le coq, les poules et les poulets: après ce carnage, ils apaisèrent leur faim. L'un, qui était jeune et ardent, voulait tout dévorer; l'autre, qui était vieux et avare, voulait garder quelque provision pour l'avenir. Le vieux disait: Mon enfant, l'expérience m'a rendu sage; j'ai vu bien des choses depuis que je suis au monde. Ne mangeons pas tout notre bien en un seul jour. Nous avons fait fortune; c'est un trésor que nous avons trouvé, il faut le ménager. Le jeune répondit: Je veux tout manger pendant que j'y suis et me rassasier pour huit jours: car pour ce qui est de revenir ici, chansons! il n'y fera pas bon demain; le maître, pour venger la mort de ses poules, nous assommerait. Après cette conversation, chacun prend son parti. Le jeune mange tant qu'il se crève, et peut à peine aller mourir dans son terrier. Le vieux, qui se croit bien plus sage de modérer ses appétits et de vivre d'économie, veut, le lendemain, retourner à sa proie, et est assommé par le maître. Ainsi chaque âge a ses défauts: les jeunes gens sont fougueux et insatiables dans leurs plaisirs; les vieux sont incorrigibles dans leur avarice. Fénelon († 1715).

42. Le loup et le jeune mouton.

Des moutons étaient en sûreté dans leur parc; les chiens dormaient, et le berger, à l'ombre d'un grand ormeau, jouait de la flûte avec d'autres bergers voisins. Un loup affamé vint, par les fentes de l'enceinte, reconnaître l'état du troupeau. Un jeune mouton, sans expérience, et qui n'avait jamais rien vu, entra en conversation avec lui: Que venez-vous chercher ici? dit-il au glouton. — L'herbe tendre et fleurie, lui répondit le loup. Vous savez que rien n'est plus doux que de paitre dans une verte prairie émaillée de fleurs, pour apaiser sa faim, et d'aller éteindre sa soif dans un clair ruisseau: j'ai trouvé ici l'un et l'autre. Que faut-il davantage? J'aime la philosophie qui enseigne à se contenter de peu. — Il est donc vrai, repartit le jeune mouton, que vous ne mangez point la chair des animaux, et qu'un peu d'herbe vous suffit? Si cela est, vivons comme frères, et paissons ensemble.» Aussitôt le mouton sort du parc dans la prairie, où le sobre philosophe le mit en pièces et l'avala.

Défiez-vous des belles paroles des gens qui se vantent d'être vertueux. Jugez-en par leurs actions, et non pas par leurs discours. Fénelon († 1715).

43. Le lièvre qui fait le brave.

Un lièvre, qui était honteux d'être poltron, cherchait quelque occasion de s'aguerrir. Il allait quelquefois par un trou d'une haie dans les choux du jardin d'un paysan, pour s'accoutumer au bruit du village. Souvent même, il passait assez près de quelques mâtins, qui se contentaient d'aboyer après lui. Au retour de ces grandes expéditions, il se croyait plus redoutable qu'Alcide après tous ses travaux. On dit même qu'il ne rentrait dans son gîte qu'avec des feuilles de laurier, et faisait l'ovation. Il vantait ses prouesses à ses compères les lièvres voisins. Il représentait les dangers qu'il avait courus, les alarmes qu'il avait données aux ennemis, les ruses de guerre qu'il avait faites en expérimenté capitaine, et surtout son intrépidité héroïque. Chaque matin, il remerciait Mars et Bellone, de lui avoir donné des talents et un courage pour dompter toutes les nations à longues oreilles. Jean Lapin discourant un jour avec lui, lui dit d'un ton moqueur: Mon ami, je te voudrais voir avec cette belle fierté au milieu d'une meute de chiens courants. Hercule fuirait bien vite, et ferait une laide contenance. Moi, répondit notre preux chevalier, je ne reculerais pas, quand toute la gent chienne viendrait m'attaquer. — A peine eut-il parlé, qu'il entendit un petit tournebroche d'un fermier voisin, qui glapissait dans les buissons assez loin de lui. Aussitôt il tremble, il frissonne, il a la fièvre; ses yeux se troublent, comme ceux de Paris quand il vit Ménélas qui venait ardemment contre lui.

Il se précipite d'un rocher escarpé dans une profonde vallée, où il pensa se noyer dans un ruisseau. Jean Lapin, le voyant faire le saut, s'écria de son terrier: Le voilà, ce foudre de guerre! le voilà, cet Hercule qui doit purger la terre de tous les monstres dont elle est pleine! Fénelon († 1715).

44. L'assemblée des animaux pour choisir un roi.

Le lion étant mort, tous les animaux accoururent dans son antre pour consoler la lionne, sa veuve, qui faisait retentir de ses cris, les montagnes et les forêts. Après lui avoir fait leurs compliments, ils commencèrent l'élection d'un roi: la couronne du défunt était au milieu de l'assemblée. Le lionceau était trop jeune et trop faible pour obtenir la royauté sur tant de fiers animaux. Laissez-moi croître, disait-il; je saurai bien régner et me faire craindre à mon tour. En attendant, je veux étudier l'histoire des belles actions de mon père, pour égaler un jour sa gloire. — Pour moi, dit le léopard, je prétends être couronné; car je ressemble plus au lion que tous les autres prétendants. Et moi, dit l'ours, je soutiens qu'on m'avait fait une injustice quand on me préféra le lion: je suis fort, courageux, carnassier, tout autant que lui; et j'ai un avantage singulier, qui est de grimper sur les arbres. Je vous laisse à juger, messieurs, dit l'éléphant, si quelqu'un peut me disputer la gloire d'être le plus grand, le plus fort et le plus brave de tous les animaux. Je suis le plus noble et le plus beau, dit le cheval. Et moi, le plus fin, dit le renard. Et moi, le plus léger à la course, dit le cerf. Où trouvez-vous, dit le singe, un roi plus agréable et plus ingénieux que moi? Je divertirai chaque jour mes sujets. Je ressemble même à l'homme, qui est le véritable roi de la nature. Le perroquet alors harangua ainsi: Puisque tu te vantes de ressembler à l'homme, je puis m'en vanter aussi. Tu ne lui ressembles que par ton laid visage et par quelques grimaces ridicules; pour moi, je lui ressemble par la voix, qui est la marque de la raison et le plus bel ornement de l'homme. Tais-toi, maudit causeur, lui répondit le singe: tu parles, mais non pas comme l'homme; tu dis toujours la même chose, sans entendre ce que tu dis. — L'assemblée se moqua de ces deux mauvais copistes de l'homme, et on donna la couronne à l'éléphant, parce qu'il a la force et la sagesse, sans avoir ni la cruauté des bêtes furieuses, ni la sotte vanité de tant d'autres qui veulent toujours paraître ce qu'elles ne sont pas.

Fénelon († 1715).

45. Voyage dans l'île des plaisirs.

Après avoir longtemps vogué sur la mer Pacifique, nous aperçûmes de loin une île de sucre avec des montagnes de compote, des rochers de sucre candi et de caramel, et des rivières de sirop qui coulaient dans la campagne. Les habitants, qui étaient fort friands, léchaient tous les chemins, et suçaient leurs doigts après les avoir trempés dans les fleuves. Il y avait aussi des forêts de réglisse, et de grands arbres d'où tombaient des gaufres, que le vent emportait dans la bouche des voyageurs, si peu qu'elle fût ouverte. Comme tant de douceurs nous parurent fades, nous voulûmes passer en quelque autre pays, où l'on pût trouver des mets d'un goût plus relevé. On nous assura qu'il y avait, à dix lieues de là, une autre île où il y avait des mines de jambons, de saucisses et de ragoûts poivrés. On les creusait, comme on creuse les mines d'or dans le Pérou. On y trouvait aussi des ruisseaux de sauces à l'oignon. Les murailles des maisons sont de croûtes de pâté. Il y pleut du vin couvert, quand le temps est chargé; et, dans les plus beaux jours, la rosée du matin est toujours de vin blanc, semblable au vin grec ou à celui de Saint-Laurent. Pour passer dans cette île, nous fîmes mettre sur le port de celle d'où nous voulions partir douze hommes d'une grosseur prodigieuse, et qu'on avait endormis: ils soufflaient si fort en ronflant, qu'ils remplirent nos voiles d'un vent favorable. A peine fûmes-nous arrivés dans l'autre île, que nous trouvâmes sur le rivage des marchands qui vendaient de l'appétit; car on en manquait souvent parmi tant de ragoûts. Il y avait aussi d'autres gens qui vendaient le sommeil. Le prix en était réglé tant par heure; mais il y avait des sommeils plus chers les uns que les autres, à proportion des songes qu'on voulait avoir. Les plus beaux songes étaient fort chers. J'en demandai des plus agréables pour mon argent; et, comme j'étais las, j'allai d'abord me coucher. Mais à peine fus-je dans mon lit, que j'entendis un grand bruit; j'eus peur, et je demandai du secours. On me dit que c'était la terre qui s'entr'ouvrait. Je crus être perdu; mais on me rassura, en me disant qu'elle s'entr'ouvrait ainsi toutes les nuits à une certaine heure, pour vomir avec grand effort des ruisseaux bouillants de chocolat moussé, et des liqueurs glacées de toutes les façons. Je me levai à la hâte pour en prendre, et elles étaient délicieuses. Ensuite je me recouchai, et dans mon sommeil je crus voir que tout le monde était de cristal, que les hommes se nourrissaient de parfums quand il leur plaisait, qu'ils ne pouvaient marcher qu'en dansant, ni parler qu'en chantant, qu'ils avaient des ailes pour fendre les airs, et des nageoires pour passer les mers. Mais ces hommes étaient comme des pierres à fusil: on ne pouvait les choquer qu'aussitôt ils ne prissent feu. Ils s'enflammaient comme une mèche, et je ne pouvais m'empêcher de rire, voyant combien ils étaient faciles à émouvoir. Je voulus demander à l'un d'eux pourquoi il paraissait si animé: il me répondit, en me montrant le poing, qu'il ne se mettait jamais en colère.

A peine fus-je éveillé, qu'il vint un marchand d'appétit, me demandant de quoi je voulais avoir faim, et si je voulais qu'il me vendit des relais d'estomacs pour manger toute la journée. J'acceptai la condition. Pour mon argent, il me donna douze petits sachets de taffetas que je mis sur moi, et qui devaient me servir comme douze estomacs, pour digérer sans peine douze grands repas en un jour. A peine eus-je pris les douze sachets, que je commençai à mourir de faim. Je passai ma journée à faire douze festins délicieux. Dès qu'un repas était fini, la faim me reprenait, et je ne lui donnais pas le temps de me presser. Mais comme j'avais une faim avide, on remarqua que je ne mangeais pas proprement: les gens du pays sont d'une délicatesse et d'une propreté exquises. Le soir, je fus lassé d'avoir passé toute la journée à table, comme un cheval à son râtelier. Je pris la résolution de faire tout le contraire le lendemain, et de ne me nourrir que de bonnes odeurs. On me donna à déjeuner de la fleur d'orange. A dîner, ce fut une nourriture plus forte: on me servit des tubéreuses et puis des peaux d'Espagne. Je n'eus que des jonquilles à collation. Le soir, on me donna à souper de grandes corbeilles pleines de toutes les fleurs odoriférantes, et on y ajouta des cassolettes de toutes sortes de parfums. La nuit, j'eus une indigestion, pour avoir trop senti tant d'odeurs nourrissantes. Le jour suivant, je jeûnai, pour me délasser de la fatigue des plaisirs de la table.

Cependant tant de festins et d'amusements me fatiguèrent bientôt, et je conclus que les plaisirs des sens, quelque variés, quelque faciles qu'ils soient, avilissent et ne rendent point heureux. Je m'éloignai donc de ces contrées, en apparence si délicieuses, et, de retour chez moi, je trouvai dans une vie sobre, dans un travail modéré, dans des mœurs pures, dans la pratique de la vertu, le bonheur et la santé que n'avaient pu me procurer la continuité de la bonne chère et la variété des plaisirs.
Fénelon.

IV. ANECDOTES ET RÉCITS.

46. La pierre la plus précieuse.

Une dame avait de belles boucles d'oreilles en diamants, et elle en était si vaine qu'elle les montrait à tout propos. Un jour elle les fit voir au meunier son voisin, pendant qu'il chargeait les sacs de farine sur sa voiture pour les envoyer au boulanger.

Voilà des pierres, dit celui-ci, qui vous ont sans doute coûté beaucoup d'argent.

Certainement, dit la dame.

Et à quoi sont-elles bonnes?

Mais à me parer.

Elles ne servent pas à autre chose?

Non.

Eh bien! alors, reprit le meunier, j'aime mieux les pierres qui forment les meules de mon moulin. Elles n'ont pas coûté si cher et elles sont plus utiles, sans compter que je ne crains pas que les voleurs les emportent.

47. Le Français et l'Anglais.

Un Français et un Anglais se disputaient ensemble laquelle des deux nations l'emportait sur l'autre par la gloire militaire, les progrès dans les sciences et les arts, la langue, la littérature etc. On pense bien qu'à la fin de la discussion ils étaient aussi avancés qu'au commencement, c'est-à-dire que chacun d'eux était persuadé que sa nation était la première de toutes. Cependant le Français, voulant terminer d'une manière polie une dispute qui finissait par s'aigrir un peu, s'écria: Du reste, monsieur, si je n'étais pas Français, je voudrais être Anglais.

— Et moi, monsieur, répondit fièrement le fils d'Albion, si je n'étais pas Anglais, je voudrais être Anglais.

48. Encore du potage.

Un Anglais, assis dans un restaurant, crie à plusieurs reprises: «Garçon! plus de soupe! Garçon! plus de soupe!

N'entendez-vous pas? plus de soupe!» Le garçon répond d'abord: «Bien, monsieur.» et continue son train. A la fin il dit: «Monsieur, j'entends très bien; vous ne désirez plus de soupe; aussi je ne vous en servirai plus.» L'Anglais, très étonné, s'écrie: «Mais c'est justement plus de soupe que je veux.» «Ah», dit le garçon, «c'est autre chose; je ne vous comprenais pas. Si vous m'aviez dit que vous désiriez encore du potage, je vous en aurais servi tout de suite.» Alors le fier Anglais quitte la table, et le lendemain il se remet à prendre des leçons de français.

49. Quatre-vingt-dix-neuf moutons et un Champenois font cent bêtes.

Au moyen âge il y avait en Champagne des péages établis sur les troupeaux de moutons, mais le droit était dû pour chaque centaine de moutons, et non pour chaque tête de bétail. Alors qu'avaient fait les malins Champenois? Ils avaient réduit leurs troupeaux à quatre-vingt-dix-neuf moutons, et quand ils arrivaient au bureau de péage, ils n'avaient rien à payer. Mais un jour le seigneur se fâcha, et dit: «Le compte est mal fait: vous oubliez le berger; quatre-vingt-dix-neuf moutons et un Champenois font cent bêtes.» Et il fallait payer le droit.

50. Une cuirasse mise à l'épreuve.

Un jour que le duc de Wellington était dans sa tente, préoccupé d'un plan de bataille, on vint lui dire qu'un homme insistait pour être admis en sa présence, désireux de lui offrir une cuirasse garantie contre les balles.

Faites-le entrer, dit le duc; et l'instant d'après le fabricant parut:

Quel immense honneur pour moi, dit-il, de voir mon invention merveilleuse appréciée par votre Seigneurie . . .

L'avez-vous là? interrompit Wellington sans tourner la tête.

La voici, dit le visiteur ravi, plaçant sous les yeux du général une cuirasse d'acier poli dont il se mit à énumérer rapidement les mérites.

Êtes-vous tout à fait sûr qu'elle soit impénétrable aux balles? interrompit de nouveau Wellington.

Tout à fait, milord; que le ciel me punisse si j'exagère! et si seulement Votre Seigneurie voulait s'en revêtir pour la prochaine bataille.

Eh bien, bouclez-la sur vous, et placez-vous dans ce coin.
L'homme obéit, tout en se demandant quelle pouvait bien être l'intention du grand capitaine.
Monsieur Temple! cria Wellington à son secrétaire, dites à la sentinelle de charger son fusil à balle, et de venir ici éprouver l'impénétrabilité de cette cuirasse.
Avant que la sentinelle eût chargé son fusil, avant même que l'ordre lui en eût été transmis, le susdit fabricant et la susdite cuirasse, prenant la poudre d'escampette, s'étaient sauvés, l'un portant l'autre, à toutes jambes, et avaient gagné la campagne.

51. Le protecteur et la protégée.

Un monsieur de la haute société présenta un jour, dans une maison de Paris, une provinciale, sa parente, nouvellement débarquée, douée de toutes les qualités requises pour paraître dans le monde avec distinction, mais timide à l'excès. L'introducteur entre le premier, la provinciale le suit, et, au premier pas qu'elle fait dans l'appartement, elle est troublée, déconcertée par l'aspect d'une brillante société; elle enfonce maladroitement son pied entre le tapis et le parquet, force l'obstacle et arrive à la maîtresse de la maison, enveloppée dans le tapis. On lui offre un siège, mais elle se méprend et s'assied dans un fauteuil où elle écrase la petite chienne de madame. Elle se dresse honteuse et tout effrayée, elle perd contenance et finit par se sauver sans rien dire; en passant, elle coudoie le valet de chambre et renverse les tasses que celui-ci tenait à la main. Le monsieur qui l'avait amenée sort après elle; mais sa protégée a disparu, et elle court encore. La honte de cette aventure empêche l'introducteur de rentrer lui-même; il est forcé de renoncer pour jamais à une maison dans laquelle il a eu le malheur de présenter cette provinciale maladroite, qui y a fait en un clin d'œil autant de ravages qu'en aurait pu faire une troupe ennemie qui y serait entrée à discrétion.

52. Les deux voyageurs.

Deux voyageurs, Jean et Claude, s'en vont ensemble à la foire. Ils arrivent dans une forêt; Jean marche le premier, et aperçoit à terre un sac plein d'écus; il se jette dessus, et le saisit à la hâte. — Ah! la bonne découverte que nous avons faite, s'écrie Claude. — Nous! répond l'autre, comment entends-tu cela, l'ami? tu devrais dire: moi. — Je pensais, objecta

Claude, que nous partagerions. — Bah! quelle plaisanterie; c'est moi qui ai fait la trouvaille, et je la garde.

Claude ne souffle plus mot et marche paisiblement à côté de son riche voisin. Tout à coup sortent du milieu de la forêt deux voleurs. Et Jean tremble de peur. — Nous sommes perdus, s'écrie-t-il. — Nous? dit à son tour Claude, tu te trompes, mon ami, tu devrais dire: toi. Et aussitôt il se met à fuir. Quant à Jean, il en est empêché par l'argent qu'il porte. Les voleurs tombent sur lui, le sabre à la main: la bourse ou la vie! lui disent-ils. Jean, saisi de frayeur, donne son trésor, et son habit par-dessus le marché.

Celui qui dans la prospérité ne pense qu'à soi, peut bien ne point trouver d'ami dans l'adversité.

53. L'enfant et les noisettes.

Un enfant avait mis sa main dans un grand vase plein de figues et de noisettes; il en prenait là autant que possible. Mais quand il voulut retirer son bras, ce fut autre chose; le cou du vase, trop étroit, l'arrêta au passage. Ne voulant pas abandonner une seule de ses noisettes, et cependant incapable de les avoir, de dépit, l'enfant se met à pleurer et déplore sa mauvaise fortune. Un passant qui le vit dans cet embarras lui donna ce salutaire conseil: Ne prends que la moitié de ces noisettes à la fois, mon ami, et tu les tireras facilement.

54. L'ours.

Un ours énorme avait établi son repaire dans une épaisse forêt, d'où il répandait la consternation dans tous les villages, à plusieurs lieues à la ronde. Deux jeunes chasseurs, Étienne et Hubert, en ouïrent parler et se dirent: «Voilà un ours dont le compte est réglé.» — Ils allèrent donc s'établir dans l'auberge la plus proche de la forêt, et poussèrent plusieurs reconnaissances dans les environs sans jamais rencontrer l'animal. Leur entretien était très coûteux, mais ils répondirent à l'aubergiste qui leur en faisait l'observation: «La peau de l'ours nous dédommagera amplement de nos frais et au delà.»

Un jour qu'ils parcouraient bravement la forêt, le fusil sur l'épaule, l'ours vint à eux en grondant d'une manière effroyable. Nos chasseurs l'ajustent, mais le fusil d'Étienne rate, et dans sa précipitation, Hubert manque son coup et se hâte de grimper sur le premier arbre qu'il trouve à sa portée. Étienne, en présence d'un si rude adversaire, sentit son assurance l'abandonner; il se coucha la face contre terre et contrefit le mort. L'ours s'approcha de lui, le flaira, le retourna en tous sens et finit par s'en aller, car les ours ne touchent point à un cadavre.

Quand le terrible animal se fut éloigné, Hubert descendit de l'arbre et demanda, en plaisantant, à son camarade: «Que t'a dit l'ours lorsqu'il te parlait à l'oreille?»
«Il m'a dit, répondit Étienne, qu'il ne fallait jamais vendre la peau de l'ours avant de l'avoir tué.»

55. L'ivrogne.

Un ivrogne, un mètre à la main, mesurait gravement la hauteur et la largeur de la porte d'un cabaret. Un de ses amis l'aborde et lui demande ce qu'il fait là. — «Parbleu! tu le vois bien, dit l'ami de Bacchus, je prends la mesure de cette porte, et je m'étonne qu'elle ne soit pas plus grande; en effet, il m'est difficile de comprendre comment un pré, une vigne et une maison que j'avais et que je n'ai plus, ont pu passer par là.

56. Économie.

Quelques bourgeois d'une petite ville furent chargés par le maire de faire une quête pour les indigents. En entrant, le matin, dans la cour d'une très belle maison, ils entendirent le propriétaire reprocher, avec amertume, à l'un des domestiques, d'avoir laissé les harnais des chevaux exposés à la pluie pendant toute la nuit. Nous n'aurons rien ici, dit l'un des quêteurs à ceux qui l'accompagnaient, nous sommes dans la maison d'un avare.» «Essayons toujours, répliqua un autre; que risquons-nous?

Dans ce moment, le maître de la maison vint à eux, les reçut avec politesse et s'informa du sujet de leur visite. Dès qu'il en fut instruit, il pria les quêteurs d'entrer dans son cabinet et leur fit un don considérable. Pleins d'étonnement et de reconnaissance, ces messieurs lui avouèrent que, ayant entendu sa querelle avec un domestique, ils l'avaient cru trop intéressé pour leur donner quelque chose. Le propriétaire répondit: «Il est vrai que je suis économe; mais c'est grâce à mon économie que je suis en état de donner largement aux pauvres.»

57. L'économie mal entendue.

Vincent possédait la plus belle maison du village. Un jour, après une violente tempête, quelques tuiles se détachèrent du toit.

Il faut les faire remplacer, dit la femme de Vincent.

Bah! ce n'est pas la peine, répliqua le mari, qui ne se souciait pas de faire une dépense, si petite qu'elle fût.

Le trou du toit s'agrandit, lui dit un jour sa femme.

J'y penserai le mois prochain, répondit Vincent.

Le mois s'écoula, ainsi que les suivants, et Vincent ne s'en occupa pas.

Les chevrons du toit commencent à pourrir, dit encore madame Vincent. Mais Vincent avait toujours quelque autre affaire en tête.

Un jour pourtant le dégât devint si considérable, qu'il fallut bien le réparer; et Vincent, pour avoir voulu économiser une petite somme d'argent, fut obligé d'en dépenser une grosse.

58. Les assiettes de bois du roi Auguste.

Le 26 juin 1730, Auguste, roi de Pologne, campait en Saxe, sur les bords de l'Elbe; il voulut que l'on servît à toute son armée, composée de trente mille hommes, un dîner splendide. Les chroniqueurs polonais et saxons consacrent de longs chapitres à la description des circonstances qui accompagnèrent ce repas gigantesque, où l'on rôtissait des bœufs tout entiers dans de vastes écuelles, où l'architecte général du royaume dressait le dessert, et où les charpentiers découpaient les gâteaux à la hache. Outre les assiettes ordinaires, on avait sculpté une assiette de bois pour chaque soldat, et sur chacune d'elles on avait inscrit le millésime et la date du jour de la fête; de plus, un bas-relief représentait un sujet de circonstance. Aussitôt après le dîner, les chefs rangèrent l'armée sur les bords de la rivière, et, à leur commandement, les soldats lancèrent dans l'Elbe les trente mille assiettes, pour porter la nouvelle de la magnificence du roi Auguste à tous les rivages qu'arrose le fleuve. Aujourd'hui encore les familles des bords de l'Elbe conservent et montrent les assiettes de bois du 26 juin 1730.

59. Une pénitence efficace.

Saint Philippe de Néri entend un jour la confession d'une jeune fille qui s'accuse d'un irrésistible penchant à la médisance. «Mon enfant, dit le confesseur, il faut vous corriger à tout prix d'un si vilain défaut. Pour votre pénitence, voici ce que vous ferez: vous achèterez une poule au marché, puis vous sortirez de la ville et marcherez devant vous en plumant la poule, et vous ne vous arrêterez pour rentrer chez vous que lorsque toutes les plumes seront enlevées. Votre pénitence faite, vous viendrez m'en rendre compte, comme à Dieu, dont je suis le ministre.» Étonnée d'une si singulière pénitence, la jeune fille obéit, et revient demander à son confesseur le mot de l'énigme. «Ma fille, lui dit le saint, vous avez fidèlement rempli la première partie de la prescription que je vous ai faite comme médecin de votre âme; il ne vous reste plus qu'à accomplir la seconde, et vous serez guérie. Retournez au lieu où vous avez acheté la poule, et ramassez une à une les plumes que vous avez semées sur votre chemin.» — «Mais c'est impossible! s'écrie la pauvre fille stupéfaite. J'ai semé les plumes au hasard; le vent les a emportées de tous côtés. Comment voulez-vous, mon père, que je les retrouve?» — «Eh bien! ma fille, répond le saint, il en est de même de vos médisances: elles circulent dans toutes les bouches. Les retirer est impossible, n'est-ce pas? Allez donc, et ne péchez plus.»

60. Vingt-quatre sous par jour!

Un prince allemand se promenait un matin aux environs de son château, en costume de bourgeois, lorsqu'il entendit chanter gaiement. Curieux de voir le chanteur, il tourna la tête et aperçut, au bord de la route, un paysan qui labourait: Je vous félicite d'être si gai de si bonne heure, mon ami, lui dit-il; vos affaires sont en pleine prospérité, j'imagine, et ce champ vous appartient?

Non, monsieur, répondit le paysan, je ne suis qu'un pauvre journalier et ne possède point de terre.

Et combien gagnez-vous par jour?

Douze groschen, pour vous servir.

Et vous parvenez à vivre avec si peu! dit le roi.

A vivre! je crois bien, et même à en avoir de reste.

Comment faites-vous votre compte?

Le voici: trois groschen sont pour ma femme et moi; trois autres servent à payer de vieilles dettes; j'en prête trois, et les trois derniers, je les donne pour l'amour de Dieu.

Vous parlez par énigmes, dit le monarque en souriant.

C'est pas bien malin à comprendre, reprit le paysan souriant à son tour: j'ai à la maison ma vieille mère et le père de ma femme, qui se sont donné bien du mal quand nous étions petits; maintenant c'est à moi de les faire vivre: c'est ainsi que je paie mes vieilles dettes. J'ai des enfants, que j'envoie dans une bonne école, et ils me coûtent trois autres groschen; c'est ce que j'appelle prêter. J'ai enfin deux sœurs infirmes, que j'entretiens avec les trois groschen restants, que je donne ainsi pour l'amour de Dieu.

Votre philosophie me plaît, brave homme, dit le prince. Mais comment vous appelez-vous?

Carl, pour vous servir.

Eh bien, Carl, regardez-moi; mon visage vous est-il connu?

Pas du tout, répondit le paysan.

Eh bien! dans moins de cinq minutes vous m'aurez vu cinquante fois, et vous emporterez cinquante reproductions de mon visage!» — Sur quoi, tirant une poignée d'or de sa poche, le prince en compta cinquante pièces dans la main du pauvre homme. Et comme celui-ci ouvrait des yeux stupéfaits:

‹Soyez tranquille, dit le monarque, elles sont de bon aloi. C'est Dieu qui vous les donne, car elles sont à lui comme toutes choses, et moi, je ne suis qu'un de ses trésoriers.›

61. Henri IV et le paysan.

C'était en 1600. Henry IV, après avoir chassé aux environs de son château de Nérac, revenait à sa demeure royale, fatigué et tourmenté d'une soif ardente. Une chaumière s'offre à sa vue, il s'en approche et voit un paysan qui est occupé, dans son jardin, à cueillir des pêches.

— Tu as là de très beaux fruits, mon brave! lui dit-il, je t'assure que j'en mangerais bien un avec plaisir.

Le paysan choisit aussitôt les plus belles pêches et les présente au monarque. Le prince, après s'être rafraîchi, lui dit: Grand merci, mon ami; apporte-moi demain au château de Nérac une corbeille de tes pêches, qui sont excellentes. — Sire, répond le paysan, je n'y manquerai pas.

Le lendemain, le villageois se met en route, chargé d'une corbeille remplie des plus beaux fruits, qu'il a arrangés avec goût et entourés de quelques fleurs. Il est bientôt arrivé; mais quel est son étonnement lorsque le concierge du château l'empêche d'entrer et le repousse durement.

Le pauvre homme parle en vain de l'ordre du roi. — Chansons! lui répond le concierge, on n'entre pas. Alors le paysan se met à raconter au concierge tout ce qui s'est passé, la veille, entre le prince et lui.

— A d'autres! s'écrie le gardien de la porte du roi, à d'autres! nous ne sommes pas si crédules.

En vain le villageois répète-t-il dix fois son récit, il reste à la porte. Enfin le concierge lui dit: Si tu me promets la moitié de ce que le roi te donnera pour tes fruits, je te laisserai entrer.

D'abord le paysan repousse cette proposition avec indignation; mais, voyant qu'il n'y a pas d'autre moyen d'entrer, il accepte les dures conditions qu'on lui fait. Il parvient enfin jusque devant le roi.

— Ah! te voilà, mon brave, lui dit Henri. Bien, je suis content de ton zèle, et vais te récompenser.

Aussitôt il met dans la main du paysan quelques pièces d'or. Celui-ci les examine en souriant d'un air embarrassé. — Est-ce que tu n'es pas content? lui dit le roi. — Bien au contraire, Sire . . . Seulement, si tout était pour moi . . . — Mais, c'est bien à toi seul que j'entends donner ces pièces d'or. — Il faut pourtant que j'en remette la moitié au concierge de Votre Majesté.

Le roi demande l'explication de ces paroles. Après quelques hésitations le paysan lui fait un récit fidèle de ce qui s'est passé à la porte du château. — Comment, mon concierge veut partager avec toi? Eh bien! garde l'or que je te donne, il aura une tout autre récompense. Prends ce bâton, c'est avec cette monnaie que tu le payeras; je te le permets, je te l'ordonne même. Ne va pas cependant le frapper trop fort.

Cette dernière recommandation du bon monarque n'était pas inutile; la main démangeait bien fort au paysan. Il fait sa révérence au roi, cache le bâton du mieux qu'il peut, traverse la cour du château et arrive à la porte de la grille. Le concierge l'y attendait déjà avec impatience.

— Eh bien! lui crie-t-il, le roi a-t-il été généreux? — Le plus généreux du monde, je vais te faire ta part. Le concierge tend sa main, le paysan la saisit avec force et administre au concierge une volée de coups de bâton sur le dos. Le malheureux appelle de toutes ses forces au secours; la garde accourt, et on allait arrêter le paysan qui était loin d'être fatigué, lorsque tout à coup Henri IV paraît.

— Laissez ce brave homme en paix, dit-il aux soldats, il n'a agi que d'après mes ordres. Puis, s'adressant au concierge: Cette fois, maître coquin, tu en es quitte pour quelques bons coups de bâton. Si tu t'avises encore une fois de rançonner mes sujets à la porte de mon château, je te chasserai sans pitié.

V. LÉGENDES ET CONTES.

62. Le grand saint Nicolas.

Au penchant d'une colline couronnée de grands chênes s'élevait la maison d'une veuve. La pauvre femme avait trois enfants, une charmante petite fille et deux jolis garçons, qui faisaient tout son bonheur sur la terre. Pendant que la mère filait sa quenouille, les petits s'en allaient ramasser les épis échappés aux moissonneurs, ou bien, l'hiver, faire des fagots de bois mort dans la forêt.

Un soir, la petite fille et ses deux frères étaient descendus dans la vallée et avaient suivi une troupe de javeleurs en ce moment occupés à lier en grosses gerbes l'avoine et le froment qu'ils avaient fauchés la veille. Les pauvres enfants glanèrent jusqu'à la tombée de la nuit, et lorsqu'ils voulurent reprendre le chemin de la chaumière, ils ne purent le retrouver et s'égarèrent. Longtemps ils marchèrent en pleurant. Enfin ils aperçurent une lumière brillant dans le lointain. Ils s'avancèrent et se trouvèrent devant une maison de belle apparence. L'aîné frappa à la porte. — «Qui est là?» demanda une grosse voix à l'intérieur. — «Nous sommes trois enfants égarés dans la forêt. Ouvrez-nous, pour l'amour du bon Dieu.» La porte s'ouvrit et un homme se montra. «Entrez,» dit-il, «vous devez avoir faim! Mangez et buvez.» — «Mais notre mère qui nous attend!» — «Qu'importe! Je vous reconduirai aussitôt que vous serez rassasiés.» Le enfants mangèrent avec appétit. Puis ils remercièrent leur hôte et voulurent retourner auprès de leur mère. «Non, non!» s'écria l'homme, qui était un boucher. «Jamais votre mère ne vous reverra!» — «Et pourquoi?» — «Je n'ai plus de viande à la maison, je vais vous tuer.» — Les pauvres malheureux se jetèrent aux genoux du boucher, mais le méchant homme prit son grand couteau et il les tua; puis il les coupa en morceaux et les mit dans son saloir.

La veuve, ce soir-là, attendit en vain ses enfants. Elle les chercha partout, par les champs et par la vallée, par la colline et par la forêt. Hélas! elle ne les revit point, et elle dut passer ses jours et ses nuits à les pleurer, pensant que quelque bête féroce les avait dévorés.

63.

Au bout de sept ans, le grand saint Nicolas vint à passer par la forêt. Nicolas était un pieux évêque qui, par-dessus tout, aimait les enfants sages et dociles. Mais comme aussi ils le respectaient et le chérissaient! Dès qu'il se montrait dans les rues de la ville, dès qu'il entrait dans un village, une foule de petits êtres le suivaient et se permettaient de le tutoyer ou de le tirer par son manteau en lui demandant des bonbons et des friandises.

Le grand saint Nicolas était fatigué par la longue course qu'il venait de faire. Aussi alla-t-il frapper à la porte du boucher. L'homme ouvrit et reçut le voyageur avec beaucoup d'empressement. «Que voulez-vous pour votre souper?» demanda-t-il. «Qu'as-tu à me servir?» — «Poulet ou jambon, veau froid ou canard.» — »Je ne veux ni poulet ni jambon, ni veau froid ni canard. Donne-moi de ce que tu tiens caché en ton saloir.» En entendant ces mots, le boucher eut peur et il voulut s'enfuir. «Non, boucher; ne t'en va pas de ta maison,» lui dit le saint; mais conduis-moi dans ta cave.» L'homme, plus mort que vif, mena le pieux évêque près du saloir. Le grand saint Nicolas posa trois doigts sur le bord et appela les enfants par leurs noms. O prodige! la petite fille et ses frères se levèrent vivants, frais et roses comme s'ils venaient de s'éveiller. S'étirant les bras et se frottant les yeux, l'aîné dit: «Grand saint Nicolas, j'ai bien dormi!» — «Et moi aussi!» dit le cadet. — «Je croyais être en Paradis!» ajouta leur sœur. Le boucher s'était jeté aux genoux de l'évêque. «Je te pardonne,» lui dit saint Nicolas. «Hâte-toi de reconduire ces petits à leur mère!» ...

Et c'est, dit-on, depuis ce temps que le grand saint Nicolas est le patron des enfants sages et soumis, aimables et laborieux.

(Nach H. Carnoy, Les légendes de France.)

64. Le petit Chaperon rouge.

Il était une fois une petite fille de village, la plus jolie qu'on pût voir. Sa mère en était folle, et sa grand'mère plus folle encore. Cette bonne femme lui fit faire un petit chaperon rouge, qui lui seyait si bien, que partout on l'appelait le petit Chaperon rouge.

Un jour sa mère, ayant cuit des galettes, lui dit: «Va voir comment se porte ta grand'mère; car on m'a dit qu'elle était malade. Porte-lui une galette et ce petit pot de beurre.» Le petit Chaperon rouge partit aussitôt pour aller chez sa grand'mère, qui demeurait dans un autre village. En passant dans un bois, elle rencontra compère le loup, qui eut bien envie de la manger; mais il n'osa, à cause de quelques bûcherons qui étaient dans la forêt. Il lui demanda où elle allait. La pauvre enfant, qui ne savait pas qu'il est dangereux de s'arrêter à écouter un loup, lui dit: «Je vais voir ma grand'mère et lui porter une galette, avec un petit pot de beurre, que ma mère lui envoie. — Demeure-t-elle bien loin? lui dit le loup. — Oh! oui, dit le petit Chaperon rouge; c'est au-delà du moulin que vous voyez tout là-bas, à la première maison du village. — Eh bien! dit le loup, je veux aller la voir aussi; j'y vais par ce chemin-ci, et toi par ce chemin-là; et nous verrons qui de nous y sera le plus tôt.» Le loup se mit à courir de toute sa force par le chemin qui était le plus court, et la petite fille s'en alla par le chemin le plus long, s'amusant à cueillir des noisettes, à courir après les papillons et à faire des bouquets des petites fleurs qu'elle rencontrait.

Le loup ne fut pas longtemps à arriver à la maison de la grand'mère. Il heurta: toc, toc. — «Qui est là? — C'est votre fille, le petit Chaperon rouge, dit le loup en déguisant sa voix, qui vous apporte une galette et un petit pot de beurre, que ma mère vous envoie.» La bonne grand'mère, qui était dans son lit, parce qu'elle se trouvait un peu mal, lui cria: «Tire la chevillette, la bobinette cherra.» Le loup tira la chevillette, et la porte s'ouvrit. Il se jeta sur la bonne femme, et la dévora en moins de rien, car il y avait plus de trois jours qu'il n'avait mangé. Ensuite il ferma la porte, et alla se coucher dans le lit de la grand'mère, en attendant le petit Chaperon rouge, qui, quelque temps après, vint heurter à la porte: toc, toc. — «Qui est là?» Le petit Chaperon rouge, qui entendit la grosse voix du loup, eut peur d'abord, mais, croyant que sa grand'mère était enrhumée, répondit: «C'est votre fille, le petit Chaperon rouge, qui vous apporte une galette et un petit pot de beurre, que ma mère vous envoie.» Le loup lui cria en adoucissant un peu sa voix: «Tire la chevillette, et la bobinette cherra.» Le petit Chaperon rouge tira la chevillette, et la porte s'ouvrit.

Le loup, la voyant entrer, lui dit en se cachant dans le lit, sous la couverture: «Mets la galette et le petit pot de beurre sur la huche, et viens te coucher avec moi.» Le petit Chaperon rouge se déshabille et va se mettre dans le lit, où elle fut bien étonnée de voir comment sa grand'mère était faite en son déshabillé. Elle lui dit: «Ma grand'mère, que vous avez de grands bras! — C'est pour mieux t'embrasser, ma fille! — Ma grand'mère, que vous avez de grandes jambes! — C'est pour mieux courir, mon enfant! — Ma grand'mère, que vous avez de grandes oreilles! — C'est pour mieux écouter, mon enfant! — Ma grand'mère, que vous avez de grands yeux! — C'est pour mieux te voir, mon enfant! — Ma grand'mère, que vous avez de grandes dents! — C'est pour te manger!» Et, en disant ces mots, le méchant loup se jeta sur le petit Chaperon rouge, et la mangea. Nach Perrault († 1703).

65. Les musiciens de la ville de Brême.

Un homme avait un âne qui l'avait servi fidèlement pendant de longues années, mais dont les forces étaient à bout, si bien, qu'il devenait chaque jour plus impropre au travail. Le maître songeait à le dépouiller de sa peau; mais l'âne, s'apercevant que le vent soufflait du mauvais côté, s'échappa et prit la route de Brême: «Là, se disait-il, je pourrai devenir musicien de la ville.»

Comme il avait marché quelque temps, il rencontra sur le chemin un chien de chasse qui jappait comme un animal fatigué d'une longue course. «Qu'as-tu donc à japper de la sorte, camarade? lui dit-il. — Ah! répondit le chien, parce que je suis vieux, que je m'affaiblis tous les jours et que je ne peux plus aller à la chasse, mon maître a voulu m'assommer; alors j'ai pris la clef des champs; mais comment ferai-je pour gagner mon pain? — Eh bien! dit l'âne, je vais à Brême pour m'y faire musicien de la ville, viens avec moi et fais-toi aussi recevoir dans la musique. Je jouerai du luth, et toi tu sonneras les timbales.» Le chien accepta et ils suivirent leur route ensemble. A peu de distance, ils trouvèrent un chat couché sur le chemin et faisant une figure triste comme une pluie de trois jours. «Qu'est-ce donc qui te chagrine, vieux frise-moustache? lui dit l'âne. — On n'est pas de bonne humeur quand on craint pour sa tête, répondit le chat: parce que j'avance en âge, que mes dents sont usées et que j'aime mieux rester couché derrière le poêle et filer mon rouet que de courir après les souris, ma maîtresse a voulu me noyer: je me suis sauvé à temps: mais maintenant que faire, et où aller? — Viens avec nous à Brême; tu t'entends fort bien à la musique nocturne, tu te feras comme nous musicien de la ville.» Le chat goûta l'avis et partit avec eux.

66.

Nos vagabonds passèrent bientôt devant une cour, sur la porte de laquelle était perché un coq qui criait du haut de

sa tête. «Tu nous perces la moelle des os, dit l'âne; qu'as-tu donc à crier de la sorte? — J'ai annoncé le beau temps, dit le coq, car c'est aujourd'hui le jour où Notre-Dame a lavé les chemises de l'enfant Jésus et où elle doit les sécher; mais
5 comme demain dimanche on reçoit ici à dîner, la maîtresse du logis est sans pitié pour moi; elle a dit à la cuisinière qu'elle me mangerait demain en potage, et ce soir il faudra me laisser couper le cou. Aussi crié-je de toute mon haleine, pendant que je respire encore. — Bon! dit l'âne, crête rouge
10 que tu es, viens plutôt à Brême avec nous! tu trouveras partout mieux que la mort tout au moins; tu as une bonne voix, et, quand nous ferons de la musique ensemble, notre concert aura une excellente façon.»

Le coq trouva la proposition de son goût, et ils détalèrent
15 tous les quatre ensemble. Ils ne pouvaient atteindre la ville de Brême le même jour; ils arrivèrent le soir dans une forêt où ils comptaient passer la nuit. L'âne et le chien s'établirent sous un grand arbre, le chat et le coq y grimpèrent, et même le coq prit son vol pour aller se percher tout au haut,
20 où il se trouverait plus en sûreté. Avant de s'endormir, comme il promenait son regard aux quatre vents, il lui sembla qu'il voyait dans le lointain une petite lumière; il cria à ses compagnons qu'il devait y avoir une maison à peu de distance, puisqu'on apercevait une clarté. «S'il en est ainsi, dit l'âne,
25 délogeons et marchons en hâte de ce côté, car cette auberge n'est nullement de mon goût.» Le chien ajouta: «En effet, quelques os avec un peu de viande ne me déplairaient pas.»

Ils se dirigèrent donc vers le point d'où partait la lumière; bientôt ils la virent briller davantage et s'agrandir,
30 jusqu'à ce qu'enfin ils arrivèrent en face d'une maison de brigands parfaitement éclairée. L'âne, comme le plus grand, s'approcha de la fenêtre et regarda en dedans du logis. «Que vois-tu là, grison? lui demanda le coq. — Ce que je vois? dit l'âne; une table chargée de mets et de boisson, et alentour
35 des brigands qui s'en donnent à cœur joie. — Ce serait bien notre affaire, dit le coq. — Oui, certes! reprit l'âne; ah! si nous étions là!» — Ils se mirent à rêver sur le moyen à prendre pour chasser les brigands; enfin ils se montrèrent. L'âne se dressa d'abord en posant ses pieds de devant sur la
40 fenêtre, le chien monta sur le dos de l'âne, le chat grimpa sur le chien, le coq prit son vol et se posa sur la tête du chat. Cela fait, ils commencèrent ensemble leur musique, à un signal donné. L'âne se mit à braire, le chien à aboyer, le chat à miauler, le coq à chanter; puis ils se précipitèrent
45 par la fenêtre dans la chambre en enfonçant les carreaux, qui volèrent en éclats. Les voleurs, en entendant cet effroyable

bruit, se levèrent en sursaut, ne doutant point qu'un revenant n'entrât dans la salle, et se sauvèrent tout épouvantés dans la forêt. Alors les quatre compagnons s'assirent à table, s'arrangèrent de ce qui restait, et mangèrent comme s'ils avaient dû jeuner un mois.

67.

Quand les quatre instrumentistes eurent fini, ils éteignirent les lumières et cherchèrent un gîte pour se reposer, chacun selon sa nature et sa commodité. L'âne se coucha sur le fumier, le chien derrière la porte, le chat dans le foyer près de la cendre chaude, le coq sur une solive; et, comme ils étaient fatigués de leur longue marche, ils ne tardèrent pas à s'endormir. Après minuit, quand les voleurs aperçurent de loin qu'il n'y avait plus de clarté dans leur maison et que tout y paraissait tranquille, le capitaine dit: «Nous n'aurions pas dû pourtant nous laisser ainsi mettre en déroute.» Et il ordonna à un de ses gens d'aller reconnaître ce qui se passait dans la maison. Celui qu'il envoyait trouva tout en repos; il entra dans la cuisine et voulut allumer de la lumière: il prit donc une allumette, et comme les yeux brillants et enflammés du chat lui paraissaient deux charbons ardents, il en approcha l'allumette pour qu'elle prît feu. Mais le chat n'entendait pas raillerie: il lui sauta au visage et l'égratigna en jurant. Saisi d'une horrible peur, l'homme courut vers la porte pour s'enfuir; mais le chien, qui était couché tout auprès, s'élança sur lui et le mordit à la jambe. Comme il passait dans la cour à côté du fumier, l'âne lui détacha une ruade violente avec ses pieds de derrière, tandis que le coq, réveillé par le bruit et déjà tout alerte, criait du haut de sa solive: Kikeriki!

Le voleur courut à toutes jambes vers son capitaine et dit: «Il y a dans notre maison une affreuse sorcière qui a soufflé sur moi et m'a égratigné la figure avec ses longs doigts; devant la porte est un homme armé d'un couteau, dont il m'a piqué la jambe; dans la cour se trouve un monstre noir, qui m'a assommé d'un coup de massue, et au haut du toit est posé le juge qui criait: «Amenez devant moi ce pendard!» Aussi me suis-je mis en devoir de m'esquiver.» Depuis lors, les brigands n'osèrent plus s'aventurer dans la maison, et les quatre musiciens de Brême s'y trouvèrent si bien, qu'ils n'en voulurent plus sortir.

68. La belle au bois dormant.

Il était une fois un roi et une reine qui étaient si fâchés de n'avoir point d'enfants, si fâchés qu'on ne saurait dire.

Ils allèrent à toutes les eaux du monde: vœux, pèlerinages, tout fut mis en œuvre. — Enfin leurs vœux s'accomplirent, et ils eurent une fille. On fit un beau baptême; on donna pour marraines à la petite princesse toutes les fées qu'on put trouver dans le pays (il s'en trouva sept), afin que, chacune d'elles lui faisant un don, comme c'était la coutume des fées en ce temps-là, la princesse eût, par ce moyen, toutes les perfections imaginables. — Après les cérémonies du baptême, toute la compagnie revint au palais du roi, où il y avait un grand festin pour les fées. On mit devant chacune d'elles un couvert magnifique, avec un étui d'or massif où il y avait une cuillère, une fourchette et un couteau de fin or, garnis de diamants et de rubis. Mais, comme chacun prenait place à table, on vit entrer une vieille fée, qu'on n'avait point priée, parce qu'il y avait plus de cinquante ans qu'elle n'était sortie d'une tour, et qu'on la croyait morte ou enchantée.

Le roi lui fit donner un couvert, mais il n'y eut pas moyen de lui donner un étui d'or massif, comme aux autres, parce que l'on n'en avait fait faire que sept, pour les sept fées. La vieille crut qu'on la méprisait, et grommela quelques menaces entre ses dents. Une des jeunes fées, qui se trouva auprès d'elle, l'entendit et, jugeant qu'elle pourrait donner quelque fâcheux don à la petite princesse, alla, dès qu'on fut sorti de table, se cacher derrière la tapisserie, afin de parler la dernière, et de pouvoir réparer, autant qu'il lui serait possible, le mal que la vieille aurait fait.

Cependant les fées commencèrent à faire leurs dons à la princesse. La plus jeune lui donna pour don qu'elle serait la plus belle personne du monde; celle d'après, qu'elle aurait de l'esprit comme un ange; la troisième, qu'elle aurait une grâce admirable à tout ce qu'elle ferait; la quatrième, qu'elle danserait parfaitement bien; la cinquième, qu'elle chanterait comme un rossignol, et la sixième, qu'elle jouerait de toutes sortes d'instruments dans la dernière perfection.

Le tour de la vieille fée étant venu, elle dit, en branlant la tête, encore plus de dépit que de vieillesse, que la princesse se percerait la main d'un fuseau, et qu'elle en mourrait.

Ce terrible don fit frémir toute la compagnie, et il n'y eut personne qui ne pleurât. Dans ce moment, la jeune fée sortit de derrière la tapisserie, et dit tout haut ces paroles: «Rassurez-vous, roi et reine, votre fille n'en mourra point; il est vrai que je n'ai pas assez de puissance pour défaire entièrement ce que mon aînée a fait; la princesse se percera la main d'un fuseau; mais, au lieu d'en mourir, elle tombera seulement dans un profond sommeil, qui durera cent ans, au bout desquels le fils d'un roi viendra la réveiller.»

69.

Le roi, pour éviter le malheur annoncé par la vieille, fit publier aussitôt un édit par lequel il défendait à toutes personnes de filer au fuseau, ou d'avoir des fuseaux chez soi, sous peine de perdre la vie. Au bout de quinze ou seize ans, le roi et la reine étant allés à une de leurs maisons de plaisance, il arriva que la jeune princesse, courant un jour dans le château, et montant de chambre en chambre, alla jusqu'au haut d'un donjon, dans un petit galetas où une bonne vieille était seule à filer sa quenouille. Cette bonne femme n'avait point ouï parler des défenses que le roi avait faites de filer au fuseau. «Que faites-vous là, ma bonne femme? dit la princesse. — Je file, ma belle enfant, lui répondit la vieille, qui ne la connaissait pas. — Ah! que cela est joli! reprit la princesse; comment faites-vous? donnez-moi que je voie si j'en ferais bien autant.» A peine eut-elle pris le fuseau, qu'elle s'en perça la main et tomba évanouie.

La bonne vieille, bien embarrassée, crie au secours: on vient de tous côtés: on jette de l'eau au visage de la princesse, on la délace, on lui frappe dans les mains, on lui frotte les tempes avec de l'eau de la reine de Hongrie; mais rien ne la faisait revenir. Alors le roi, qui était monté au bruit, se souvint de la prédiction des fées, et, jugeant bien qu'il fallait que cela arrivât, puisque les fées l'avaient dit, fit mettre la princesse dans un bel appartement du palais, sur un lit en broderie d'or et d'argent. On eût dit d'un ange, tant elle était belle; car son évanouissement n'avait point ôté les couleurs vives de son teint: ses joues étaient rosées et ses lèvres comme du corail; elle avait seulement les yeux fermés, mais on l'entendait respirer doucement: ce qui faisait voir qu'elle n'était pas morte.

Le roi ordonna qu'on la laissât dormir en repos, jusqu'à ce que son heure de se réveiller fût venue. La bonne fée qui lui avait sauvé la vie en la condamnant à dormir cent ans était dans le royaume de Mataquin, à douze mille lieues de là, lorsque l'accident arriva à la princesse: mais elle en fut avertie, en un instant, par un petit nain qui avait des bottes de sept lieues. La fée partit aussitôt, et on la vit, au bout d'une heure, arriver dans un chariot tout de feu, traîné par des dragons. Le roi alla lui présenter la main à la descente du chariot. Elle approuva tout ce qu'il avait fait; mais, comme elle était très prévoyante, elle pensa que, quand la princesse viendrait à se réveiller, elle serait bien embarrassée toute seule dans ce vieux château: voici ce qu'elle fit.

Elle toucha de sa baguette tout ce qui était dans ce château, (hors le roi et la reine): gouvernantes, filles d'honneur, femmes de chambre, officiers, maîtres d'hôtel, cuisiniers, marmitons, galopins, gardes, suisses, pages, valets de pied; elle toucha
5 aussi tous les chevaux qui étaient dans les écuries, avec les palefreniers, les gros mâtins de la basse-cour, et la petite Pouffe, petite chienne de la princesse, qui était auprès d'elle sur son lit. Dès qu'elle les eut touchés, ils s'endormirent tous, pour ne se réveiller qu'en même temps que leur maîtresse,
10 afin d'être tout prêts à la servir quand elle en aurait besoin. Les broches mêmes qui étaient au feu, toutes pleines de perdrix et de faisans, s'endormirent, et le feu aussi. Tout cela se fit en un moment: les fées n'étaient pas longues à leur besogne.
15 Alors le roi et la reine, après avoir embrassé leur chère enfant sans qu'elle s'éveillât, sortirent du château, et firent publier des défenses à qui que ce soit d'en approcher. Ces défenses n'étaient pas nécessaires; car il crût dans un quart d'heure, tout autour du parc, une si grande quantité de grands
20 arbres et de petits, de ronces et d'épines entrelacées les unes dans les autres, que ni bête ni homme n'aurait pu passer; en sorte qu'on ne voyait plus que le haut des tours du château, encore n'était-ce que de bien loin. On ne douta point que la fée n'eût encore fait là un tour de son métier, afin que la
25 princesse, pendant qu'elle dormirait, n'eût rien à craindre des curieux.

70.

Au bout de cent ans, le fils du roi qui régnait alors, et qui était d'une autre famille que la princesse endormie, étant
30 allé à la chasse de ce côté-là, demanda ce que c'était que ces tours qu'il voyait au-dessus d'un grand bois fort épais. Chacun lui répondit selon qu'il en avait ouï parler: les uns disaient que c'était un vieux château où il revenait des esprits; les autres, que tous les sorciers de la contrée y faisaient
35 leur sabbat. La plus commune opinion était qu'un ogre y demeurait, et que là il emportait tous les enfants qu'il pouvait attraper, pour pouvoir les manger à son aise, et sans qu'on pût le suivre, ayant seul le pouvoir de se faire un passage au travers du bois.
40 Le prince ne savait qu'en croire, lorsqu'un vieux paysan prit la parole et lui dit: Mon prince, il y a plus de cinquante ans, que j'ai ouï dire à mon père qu'il y avait dans ce château une princesse, la plus belle du monde; qu'elle y devait dormir cent ans, et qu'elle serait réveillée par le fils d'un roi, à qui

elle était réservée.» Le jeune prince, à ce discours, se sentit plein d'enthousiasme; il crut, sans balancer, qu'il mettrait fin à une si belle aventure, et, poussé par l'amour et par la gloire, il résolut de voir sur-le-champ ce qui en était. A peine s'avança-t-il vers le bois, que tous ces grands arbres, ces ronces et ces épines s'écartèrent d'elles-mêmes pour le laisser passer. Il marcha vers le château qu'il voyait au bout d'une grande avenue où il entra, et, ce qui le surprit un peu, il vit que personne de ses gens n'avait pu le suivre, parce que les arbres s'étaient rapprochés dès qu'il avait été passé. Il ne laissa pas de continuer son chemin, et entra dans une grande avant-cour, où tout ce qu'il vit d'abord était capable de le glacer de crainte. C'était un silence affreux: l'image de la mort s'y présentait partout, et ce n'étaient que des corps étendus d'hommes et d'animaux qui paraissaient morts. Il reconnut pourtant bien, au nez bourgeonné et à la face vermeille des suisses, qu'ils n'étaient qu'endormis; et leurs tasses, où il y avait encore quelques gouttes de vin, montraient assez qu'ils s'étaient endormis en buvant.

Il passe une grande cour pavée de marbre; il monte l'escalier; il entre dans la salle des gardes, qui étaient rangés en haie la carabine sur l'épaule, et ronflant de leur mieux. Il traverse plusieurs chambres, pleines de gentilshommes et de dames, dormant tous, les uns debout, les autres assis. Il entre dans une chambre toute dorée, et il voit sur un lit, dont les rideaux étaient ouverts de tous côtés, le plus beau spectacle qu'il eût jamais vu: une princesse qui paraissait avoir quinze ou seize ans, et dont l'éclat resplendissant avait quelque chose de lumineux et de divin. Il s'approcha en tremblant et en admirant, et se mit à genoux auprès d'elle.

Alors, comme la fin de l'enchantement était venue, la princesse s'éveilla, et, le regardant avec des yeux plus tendres qu'une première vue ne semblait le permettre: «Est-ce vous, mon prince? lui dit-elle; vous vous êtes bien fait attendre.» Le prince, charmé de ces paroles, et plus encore de la manière dont elles étaient dites, ne savait comment lui témoigner sa joie et sa reconnaissance; il l'assura qu'il l'aimait plus que lui-même. Ses discours furent mal rangés; ils en plurent davantage: peu d'éloquence, beaucoup d'amour. Il était plus embarrassé qu'elle, et l'on ne doit pas s'en étonner: elle avait eu le temps de songer à ce qu'elle aurait à lui dire; car il y a apparence (l'histoire n'en dit pourtant rien) que la bonne fée, pendant un si long sommeil, lui avait procuré le plaisir des songes agréables. Enfin, il y avait quatre heures qu'ils se parlaient, et ils ne s'étaient pas encore dit la moitié des choses qu'ils avaient à se dire.

Cependant tout le palais s'était réveillé avec la princesse: chacun songeait à faire sa charge; et, comme ils n'avaient rien mangé pendant le sommeil de leur maîtresse, ils mouraient de faim. La dame d'honneur, pressée comme les autres, s'impatienta, et dit tout haut à la princesse que la viande était servie. Le prince aida la princesse à se lever: elle était tout habillée, et fort magnifiquement; mais il se garda bien de lui dire qu'elle était habillée comme sa grand'mère, et qu'elle avait un collet monté: elle n'en était pas moins belle.

Ils passèrent dans un salon de miroirs, et y soupèrent, servis par les officiers de la princesse. Les violons et les hautbois jouèrent de vieilles pièces, qui furent trouvées excellentes, quoiqu'il y eût près de cent ans qu'on ne les joua plus; et, après souper, sans perdre de temps, le grand aumônier les maria dans la chapelle du château.

71.

Le lendemain matin le prince quitta le château pour retourner à la ville, où son père devait être en peine de lui. Le prince lui dit qu'en chassant il s'était perdu dans la forêt, et qu'il avait couché dans la hutte d'un charbonnier, qui lui avait fait manger du pain noir et du fromage. Le roi, son père, qui était bonhomme, le crut; mais sa mère n'en fut pas bien persuadée, et voyant qu'il allait presque tous les jours à la chasse, et qu'il avait toujours une raison en main pour s'excuser quand il avait passé deux ou trois nuits dehors, elle ne douta plus qu'il n'eût quelque amourette; car il vécut avec la princesse plus de deux ans entiers et eut deux enfants, dont le premier, qui fut une fille, fut nommée l'Aurore, et le second, un fils, qu'on nomma le Jour, parce qu'il paraissait encore plus beau que sa sœur.

La reine dit plusieurs fois à son fils, pour le faire s'expliquer, que dans la vie il fallait satisfaire à ses désirs; mais il n'osa jamais lui confier son secret: il la craignait, quoiqu'il l'aimât, car elle était de race ogresse, et le roi ne l'avait épousée qu'à cause de ses grands biens. On disait même tout bas à la cour qu'elle avait les inclinations des ogres, et qu'en voyant passer de petits enfants, elle avait toutes les peines du monde à se retenir de se jeter sur eux: ainsi le prince ne voulut jamais rien lui dire.

Mais quand le roi fut mort, ce qui arriva au bout de deux ans, et qu'il se vit le maître, il déclara publiquement son mariage, et alla en grande cérémonie quérir la reine, sa femme, dans son château. On lui fit une entrée magnifique dans la capitale, où elle entra au milieu de ses deux enfants.

Quelque temps après, le roi alla faire la guerre à l'empereur Cantalabutte, son voisin; il laissa la régence du royaume à la reine, sa mère, et lui recommanda fort sa femme et ses enfants. Il devait être à la guerre tout l'été; et, dès qu'il fut parti, la reine mère envoya sa bru et ses enfants à une maison de campagne dans les bois, pour pouvoir plus aisément assouvir son horrible envie. Elle y alla quelques jours après, et dit un soir à son maître d'hôtel: «Je veux manger demain à mon dîner la petite Aurore. — Ah! madame, dit le maître d'hôtel. — Je le veux, dit la reine (et elle le dit d'un ton d'ogresse qui a envie de manger de la chair fraîche), et je la veux manger à la sauce Robert.

Ce pauvre homme, voyant bien qu'il ne fallait pas se jouer à une ogresse, prit son grand couteau, et monta à la chambre de la petite Aurore. Elle avait alors quatre ans, et vint en sautant et en riant se jeter à son cou, et lui demander du bonbon. Il se mit à pleurer; le couteau lui tomba des mains, et il alla dans la basse-cour couper la gorge à un petit agneau, et lui fit une si bonne sauce que sa maîtresse l'assura qu'elle n'avait rien mangé de si bon. Il avait emporté en même temps la petite Aurore, et l'avait donnée à sa femme, pour la cacher dans le logement qu'elle avait au fond de la basse-cour. — Huit jours après, la méchante reine dit à son maître d'hôtel: Je veux manger à mon souper le petit Jour.» Il ne répliqua pas, résolu de la tromper comme l'autre fois.

Il alla chercher le petit Jour, et le trouva avec un petit fleuret à la main, dont il faisait des armes avec un gros singe: il n'avait pourtant que trois ans. Il le porta à sa femme, qui le cacha avec la petite Aurore, et donna, à la place du petit Jour, un petit chevreau fort tendre, que l'ogresse trouva admirablement bon.

72.

Cela était fort bien allé jusque-là. Mais, un soir, cette méchante reine dit au maître d'hôtel: «Je veux manger la reine à la même sauce que ses enfants.» Ce fut alors que le pauvre maître d'hôtel désespéra de pouvoir encore la tromper. La jeune reine avait vingt ans passés, sans compter les cent ans qu'elle avait dormi: sa peau était un peu dure, quoique belle et blanche; et le moyen de trouver dans la ménagerie une bête aussi dure que cela? Il prit la résolution, pour sauver sa vie, de couper la gorge à la reine, et monta dans sa chambre dans l'intention de ne pas hésiter. Il s'excitait à la fureur, et entra, le poignard à la main, dans la chambre de la jeune reine; il ne voulut pourtant point la surprendre, et il lui dit, avec beaucoup de respect, l'ordre qu'il avait reçu de la reine mère. «Faites votre devoir, lui dit-elle en lui tendant le cou; exécutez l'ordre qu'on vous a donné; j'irai revoir mes enfants, mes pauvres enfants, que j'ai tant aimés!» car elle les croyait morts, depuis qu'on les avait enlevés sans lui rien dire.

«Non, non, madame, lui répondit le pauvre maître d'hôtel tout attendri, vous ne mourrez point, et vous ne laisserez pas d'aller revoir vos chers enfants; mais ce sera chez moi, où je les ai cachés, et je tromperai encore la reine, en lui faisant manger une jeune biche à votre place.» Il la mena aussitôt à sa chambre et la laissant embrasser ses enfants et pleurer avec eux, il alla accommoder une biche, que la reine mangea à son souper, avec le même appétit que si c'eût été la reine: elle était bien contente de sa cruauté, et elle se préparait à dire au roi, à son retour, que les loups enragés avaient mangé la reine sa femme et ses deux enfants.

Un soir qu'elle rôdait, à son ordinaire, dans les cours et basses-cours du château, pour y flairer quelque viande fraîche, elle entendit, dans une salle basse, le petit Jour qui pleurait. La reine sa mère voulait le faire fouetter, parce qu'il avait été méchant: et elle entendit aussi la petite Aurore qui demandait pardon pour son frère. L'ogresse reconnut la voix de la reine et de ses enfants, et furieuse d'avoir été trompée, elle commanda, dès le lendemain matin, avec une voix épouvantable qui faisait trembler tout le monde, qu'on apportât au milieu de la cour une grande cuve, qu'elle fit remplir de crapauds, de vipères, de couleuvres et de serpents, pour y faire jeter la reine et ses enfants, le maître d'hôtel, sa femme et sa servante: elle avait donné ordre de les amener les mains liées derrière le dos.

Ils étaient là, et les bourreaux se préparaient à les jeter dans la cuve, lorsque le roi, qu'on n'attendait pas si tôt, entra dans la cour, à cheval. Il était venu en poste, et demanda, tout étonné, ce que voulait dire cet horrible spectacle. Personne n'osait l'en instruire, quand l'ogresse, enragée de voir ce qu'elle voyait, se jeta elle-même la tête la première dans la cuve, et fut dévorée en un instant par les vilaines bêtes qu'elle y avait fait mettre. Le roi ne laissa pas d'en être fâché: elle était sa mère; mais il s'en consola bientôt avec sa belle femme et ses enfants.

Nach Perrault († 1703).

VI. BIOGRAPHIES.

73. Charlemagne.

Son vrai nom était Charles; mais comme on l'a surnommé Charles le Grand, en latin Carolus Magnus, on a formé de ces deux mots le nom de Charlemagne. Son père, Pépin, avait détrôné, en 752, le dernier des rois mérovingiens et était devenu roi des Francs. En 768 Charles lui succéda et régna 46 ans, jusqu'en 814. Comme son père, il s'occupa de trois choses: protéger l'Église catholique, combattre les barbares qui entouraient ses États, donner de bonnes lois et un bon gouvernement à ses États. — Pour protéger l'Église, non seulement il accordait de grandes faveurs aux évêques, aux prêtres, aux moines et surtout aux missionnaires, mais encore il alla en Italie pour combattre le roi des Lombards, qui attaquait sans cesse la ville de Rome. Il le fit prisonnier, et s'empara de tout son royaume. Le pape Léon III voulut montrer à Charles sa reconnaissance. Le jour de Noël de l'an 800, comme le roi des Francs était agenouillé et priait dans l'église de Saint-Pierre, Léon III s'approcha de lui sans qu'il le vît et lui mit sur la tête une couronne. Aussitôt tous les Romains qui étaient dans l'église s'écrièrent: «Salut à Charles, grand et pacifique empereur, consacré par Dieu même!» A partir de ce moment, Charlemagne ne fut pas seulement roi des Francs, il fut de plus Empereur d'Occident, comme l'avaient été les anciens empereurs de Rome. — Il méritait en effet de s'appeler empereur d'Occident, car, grâce à ses conquêtes et à celles de son père, la domination des Francs s'était étendue sur la plus grande partie de l'Europe occidentale. Toute la Gaule entre l'Océan Atlantique, le Rhin, les Alpes, la mer Méditerranée et les Pyrénées leur était soumise. L'Italie presque entière leur obéissait. Les pays que nous appelons aujourd'hui la Suisse, la Hollande et l'Allemagne faisaient aussi partie de l'empire de Charlemagne. Il eut beaucoup de peine à soumettre le nord de l'Allemagne, habité par les Saxons, peuple très sauvage et encore païen. Ils étaient conduits par un chef très brave et très habile nommé Witikind. Pendant plus de trente ans, Charlemagne dut conduire ou envoyer presque tous les ans des armées en Saxe pour combattre cette population indomptable. Plusieurs fois les garnisons franques laissées pendant l'hiver en Saxe furent massacrées. Charlemagne fit périr, lui aussi, avec une grande cruauté, beaucoup de Saxons et en transporta plusieurs milliers, avec leurs femmes et leurs enfants, loin de leur patrie, au centre de la Gaule. Enfin les Saxons se soumirent. Leur chef, Witikind, fut baptisé; il devint l'ami de Charlemagne, et les Saxons furent bientôt parmi les plus fidèles sujets du roi franc.

74.

A l'autre bout de son royaume, Charlemagne enleva une partie de l'Espagne aux musulmans qui s'y étaient établis. Malheureusement, au retour de cette guerre, la dernière partie de l'armée de Charlemagne, ce qu'on appelle l'arrière-garde, commandée par Roland, fut attaquée par les habitants des Pyrénées au moment où elle traversait le défilé de Roncevaux. Elle fut entièrement détruite. Ce fut une grande douleur pour Charlemagne, et les Francs furent tellement frappés par ce désastre, qu'ils composèrent un poème pour célébrer la mort de Roland. Ce poème est la Chanson de Roland, le plus ancien poème français qui existe. On y raconte que, si Roland et ses compagnons furent surpris dans les montagnes par les musulmans ou Sarrasins, (c'était le nom que leur donnaient les Francs), c'est qu'un scélérat nommé Ganelon les avait trahis. Quand Roland se vit entouré par les ennemis, il sonna dans son cor de toutes ses forces. Charlemagne l'entendit et s'écria: ‹Voilà Roland qui m'appelle à son secours;› mais Ganelon, qui était à ses côtés, lui dit: ‹Non, il chasse dans la montagne.› Deux fois il empêcha Charlemagne de revenir sur ses pas; mais enfin les sons du cor devinrent si désespérés, que le roi se dirigea vers Roncevaux. Les ennemis avaient été mis en fuite, mais Roland et tous ses compagnons étaient morts après avoir été bénis par l'archevêque Turpin. Avant de mourir, Roland avait voulu briser son épée, sa chère Durandal, pour qu'elle ne tombât pas entre les mains des Sarrasins, mais l'épée avait fendu le rocher sans être même ébréchée, et l'on montre encore dans les Pyrénées une grande ouverture dans la montagne qu'on appelle la Brèche de Roland. Le héros mit alors sous lui son épée et son cor et mourut après avoir confessé ses péchés à Dieu. Charlemagne, après avoir pleuré Roland, le vengea en battant l'armée des Sarrasins et en faisant périr Ganelon d'une mort affreuse. Il fut attaché par les bras et les jambes à quatre chevaux et déchiré en morceaux. Quand la fiancée de Roland, la belle Aude, apprit de la bouche de Charlemagne que Roland avait péri, elle tomba raide morte de douleur.

75.

Quoique Charlemagne fût un grand conquérant, il ne s'occupait pas seulement de faire la guerre. Il s'attachait surtout à bien gouverner son immense royaume. Il plaçait dans toutes les provinces des comtes à qui il ordonnait de rendre exactement la justice, et il envoyait tous les ans des personnages importants dans tout l'empire pour voir si les comtes remplissaient bien leurs devoirs. Tous les ans aussi, Charlemagne réunissait auprès de lui, au printemps, les comtes, les évêques, les abbés et les plus puissants parmi ses sujets pour voir avec eux ce qu'il pouvait faire pour le bien du royaume. C'était avec eux qu'il faisait des lois, et comme ces lois étaient divisées en petits chapitres (en latin capitula), on les appelle Capitulaires. Charlemagne sentait que la chose la plus importante pour rendre les hommes meilleurs et plus heureux, c'est l'instruction. Aussi ordonna-t-il d'établir des écoles dans tous les diocèses, et créa-t-il lui-même une école dans son palais. Il y faisait venir les meilleurs maîtres, qu'il traitait comme ses amis. Il s'asseyait lui-même sur les bancs de l'école, car il avait été mal instruit dans son enfance, et il apprenait à écrire et à lire en latin. Il faisait de grands reproches aux fils des nobles qui travaillaient mal, et leur donnait en exemple les fils de pauvres Francs qui étaient des écoliers très studieux.

Bien que Charlemagne ait été un très grand roi, il ne faut pas oublier qu'à quelques égards il était encore un barbare, et qu'il avait des mœurs rudes et grossières. Ses plus grands plaisirs étaient le bain et la chasse. Il avait fait faire à Aix-la-Chapelle, où il résidait ordinairement, un grand bassin où il se baignait avec toute sa cour. Plus de cent personnes y nageaient à la fois. Il se livrait aussi avec passion au plaisir de la chasse. Un jour qu'il avait été blessé à la jambe par un aurochs, espèce de bœuf sauvage, il en était très heureux, et au retour il montrait avec fierté sa blessure à sa femme. Il donnait à ses compagnons d'immenses festins où l'on chantait des poésies en langue allemande. Lui-même était sobre et surtout ne s'enivrait jamais.

76. Gutenberg.

La plus grande invention du quinzième siècle fut celle de l'imprimerie. Avant cette époque les livres étaient écrits à

la main: on les appelait manuscrits. Ces livres étaient rares et coûtaient très cher. Ils étaient précieusement conservés dans les bibliothèques des universités, des monastères et des châteaux. Aussi bien peu de personnes pouvaient lire et s'in-
5 struire. Aujourd'hui les livres sont répandus partout. C'est l'imprimerie qui les a multipliés; c'est elle qui a rendu accessibles à tous les bienfaits de l'instruction. Aucune invention n'a été plus favorable au progrès de l'humanité.

Jean Gutenberg, l'inventeur de l'imprimerie, naquit à May-
10 ence, vers l'an 1400. A quinze ans, il perdit son père. Après avoir recueilli son modeste héritage, il vint se fixer à Strasbourg. C'est là qu'il conçut l'idée de multiplier les manuscrits en fabriquant des lettres en métal qui, rapprochées les unes des autres, formeraient des mots, des lignes, des pages. En
15 recouvrant d'encre toutes ces lettres, on pourrait reproduire le texte du manuscrit. Pendant dix ans, seul à Strasbourg, il travailla à cette invention merveilleuse. Mais comme ces recherches nécessitaient beaucoup de dépenses, Gutenberg associa à ses travaux trois bourgeois de Strasbourg, Heilmann, André
20 Dryzen et Riff, qui devaient fournir l'argent nécessaire à la continuation de l'entreprise. Les associés établirent leur atelier dans un monastère abandonné et se mirent résolument à l'œuvre. Gutenberg grava des lettres en métal; mais comme ce travail était long, il chercha à fondre des caractères pour multiplier
25 facilement les lettres. Il se servit d'abord du fer; mais le fer trop dur perçait le papier; il employa ensuite le plomb, mais le plomb trop mou s'écrasait sous la presse. Toutes ces tentatives ruinèrent les associés, qui vendirent tout ce qu'ils possédaient. Ils moururent de misère, et Gutenberg, resté seul,
30 dut quitter Strasbourg pour revenir à Mayence.

A Mayence Gutenberg forma une nouvelle association avec un riche orfèvre nommé Jean Faust et son gendre, Pierre Schœffer, homme très instruit et très habile à copier les manuscrits. Les nouvelles recherches aboutirent à un heureux
35 résultat. Pierre Schœffer, en mélangeant du plomb et de l'antimoine, fondit un métal moins dur que le fer et plus résistant que le plomb. On obtint ainsi des caractères mobiles, en nombre considérable, qui servirent à imprimer. Désormais l'imprimerie était créée.

40 Gutenberg ne jouit pas longtemps de sa découverte. Ses associés, comprenant tout le profit qu'ils pouvaient en tirer, réclamèrent brusquement à l'inventeur les sommes qu'ils lui avaient prêtées, et, comme Gutenberg ne put les payer, il fut chassé de son imprimerie. Il quitta Mayence et erra pendant
45 dix ans, en proie à la misère. Bien souvent il manqua de

pain. Vers la fin de ses jours, il fut recueilli par l'archevêque de Mayence, qui lui fit une pension.

77. Colomb.

Christophe Colomb, l'heureux navigateur qui découvrit l'Amérique, naquit à Gênes vers 1456. Il était d'une famille obscure. De bonne heure il s'appliqua au travail. Outre la lecture, l'écriture, la grammaire et l'arithmétique, il apprit le latin et le dessin. Plus tard il étudia, à l'université de Pavie, la géométrie, la géographie, l'astronomie et la navigation. A quatorze ans, le jeune Colomb, pris d'un goût très vif pour les voyages, s'embarqua sur un navire qui explorait le nord de l'Afrique. Il passa ainsi la plus grande partie de sa jeunesse à voyager, à observer et à se perfectionner dans l'étude des sciences. — Plus tard Colomb vint se fixer en Portugal, où il épousa la fille d'un navigateur renommé, qui avait été le gouverneur des îles Madère. Il hérita de son beau-père ses papiers, ses cartes, ses notes de voyage. Il conçut alors l'idée d'imiter et même de surpasser les navigateurs portugais. Convaincu que la terre était ronde, il résolut de diriger ses explorations vers l'ouest, tandis que les Portugais voyageaient dans la direction du sud. Dans sa pensée, il devait traverser une mer qui lui permettait d'arriver par l'ouest aux Indes, ou bien il rencontrerait un continent encore inconnu.

Ce projet arrêté, Colomb résolut de le mettre à exécution. Mais pour tenter une pareille aventure, les hommes, les vaisseaux, l'argent, bien des ressources étaient nécessaires. Colomb n'était pas riche. Il s'adressa d'abord au roi d'Angleterre, puis au roi de Portugal. Il essuya des refus, et on le traita de fou. Mais cet homme à la foi ardente ne se découragea pas. Il fut enfin compris par un moine espagnol, Jean Pérez, qui le recommanda au roi d'Aragon, Ferdinand le Catholique.

Reçu par la cour espagnole, à Grenade, il obtint les ressources nécessaires pour entreprendre son expédition.

Le troisième jour du mois d'août 1492, à l'heure où le soleil se levait, la foule se pressait sur le bord de la mer, dans le port espagnol de Palos. Trois navires de pauvre apparence allaient partir: la Santa-Maria, montée par Colomb, la Pinta et la Nina, commandées par les frères Pinson, qui s'étaient dévoués à la grande entreprise. Quelle émotion agita tous ces cœurs, au moment où les navires levèrent l'ancre! Que de craintes et que d'espérances faisait naître ce voyage vers l'inconnu!

La traversée jusqu'aux îles Canaries fut facile. Les marins

avaient déjà parcouru cette route. Mais quand ils eurent dépassé les limites de leurs précédents voyages, quand ils eurent pénétré plus avant dans cette mer sans fin, ils commencèrent à être tristes et inquiets. Colomb était tout entier à son idée; toujours debout, il consultait la boussole, sondait la profondeur de la mer, étudiait le vol des oiseaux, interrogeait du regard l'horizon. Cependant rien n'apparaissait. On était arrivé aux premiers jours d'octobre: depuis trois semaines on ne voyait que le ciel et l'eau, on était à plus de huit cents lieues des îles Canaries. Les marins commencèrent à murmurer. Quelques-uns proposèrent de jeter Colomb à la mer. L'intrépide navigateur fit cesser la révolte par son énergie et inspira confiance. — Le onze octobre, Colomb aperçut les indices d'une terre prochaine: des oiseaux aux couleurs variées volaient autour des voiles, des algues marines flottaient sur la mer. Toute la nuit, Colomb veilla sur son navire. Vers dix heures du soir, il découvrit une lumière à une petite distance. Un peu après minuit, on entendit crier de la Pinta: Terre! Terre! On doutait encore, tant la joie était grande. Mais les doutes s'évanouirent avec la nuit. Aux premières lueurs du jour on vit une île verdoyante, couverte de bois, arrosée de nombreux ruisseaux. C'était bien la terre, le salut.

La terre où Colomb et ses compagnons débarquèrent était une île des petites Antilles, l'île Guanahani, qu'il appela San-Salvator (Saint-Sauveur). Il visita ensuite les îles de Cuba et Haïti, à laquelle il donna le nom d'Hispaniola (petite Espagne). Partout les navigateurs furent accueillis avec curiosité sans doute, mais aussi avec bonté. Les Indiens (c'est le nom que Colomb, croyant débarquer dans l'Inde, avait donné aux habitants) étaient une population bienveillante, au caractère affable. Elle fit fête aux étrangers qu'elle croyait envoyés par les dieux. Les malheureux ne pouvaient prévoir combien les Espagnols seraient durs et cruels quand, attirés par la soif de l'or, ils viendraient conquérir et ravager ces magnifiques pays! — Colomb et ses compagnons admirèrent cette belle nature qui se révélait à eux pour la première fois dans toute sa splendeur: fleurs aux mille couleurs, oiseaux au brillant plumage, arbres gigantesques, plantes rares, tout était pour eux un sujet nouveau d'étonnement.

Le retour de Colomb en Espagne fut marqué par des fêtes splendides. Ferdinand et Isabelle éprouvèrent une singulière surprise de le voir revenir, au bout de sept mois, avec des indigènes, des raretés du pays, et surtout de l'or qu'il leur présenta. Le roi et la reine le firent asseoir et couvrir comme un grand d'Espagne, le nommèrent grand amiral et vice-roi du Nouveau-Monde; Colomb était regardé comme un homme extraordinaire, et tous enviaient l'honneur de s'embarquer sous ses ordres. Bientôt il se déroba à l'admiration de ses concitoyens et entreprit un second voyage. Le 25 septembre 1493, trois grands vaisseaux et plusieurs petits étaient réunis dans le port de Cadix, et attendaient le signal du départ. Une foule empressée montait à bord : les jeunes cavaliers rêvaient des aventures, les hardis navigateurs ambitionnaient la gloire, les marchands calculaient leurs futurs profits. Quinze cents personnes s'embarquèrent avec Colomb et ses deux jeunes fils, Diego et Fernando. L'amiral atteignit les petites Antilles et aborda à une ile qu'il appela Marie-Galante, du nom de son vaisseau. Puis il visita la Guadeloupe, Haïti, et, dans un troisième voyage, il toucha à la côte sud du continent, qui a pris le nom de Colombie.

Mais le hardi navigateur devait payer, par la disgrâce, la gloire d'une si grande découverte. Accusé devant la cour espagnole des atrocités que commettaient déjà les Espagnols dans le Nouveau-Monde, il fut ramené en Espagne, chargé de chaînes comme un criminel. Le peuple, qui avait appris l'arrivée du grand homme, courut au-devant de lui. On tira Colomb du vaisseau ; il parut, mais avec des fers aux mains et aux pieds. L'ingratitude était aussi grande que les services.

Malgré sa disgrâce, malgré la vieillesse et les maladies, Colomb fut entraîné encore une fois par la passion des découvertes. Après avoir exploré une partie du continent américain, il fut jeté par la tempête dans l'île de la Jamaïque. On l'y laissa un an, dénué de tout secours. Enfin délivré, il retourna en Espagne, et vint mourir de misère à Valladolid (1506). Le roi lui fit faire de pompeuses funérailles, et ordonna de placer sur son tombeau, dans la cathédrale de Séville, cette inscription :

A la Castille et à Léon
Colomb a donné un nouveau monde.

78. Luther.

Bien des esprits étaient prêts pour une réforme religieuse, lorsque Luther parut. Né à Eisleben, en 1483, ce fils d'un pauvre mineur saxon devint le docteur le plus écouté de l'université de Wittenberg.

« Il avait de la force dans le génie, de la véhémence dans ses discours, une éloquence vive et impétueuse qui entraînait les peuples et les ravissait. » (Bossuet.)

Les guerres de Jules II avaient épuisé le trésor pontifical. Léon X accorda des indulgences à tous ceux qui contribueraient de leur argent à l'achèvement de Saint-Pierre de Rome.

L'archevêque de Mayence, chargé de publier ces indulgences en Allemagne, les fit prêcher en Saxe par le dominicain Tetzel.

Le jour de la Toussaint 1517 Luther afficha à la porte de la grande église de Wittenberg 95 propositions concernant les indulgences. Tetzel y répondit par 110 contre-propositions. La lutte était engagée. Pour se défendre, Luther s'échauffa contre l'église, et s'enfonça dans le schisme.

A la première nouvelle de ces disputes, Léon X avait dit: «C'est une querelle de moines.» Cependant, le bruit croissant, il envoya à Augsbourg, en 1518, un légat, le cardinal Cajetano, qui essaya, par caresses et par menaces, d'ébranler le moine saxon; mais Luther s'était affermi dans ses doctrines: il récusa le cardinal comme juge; il fit un pas de plus, il en appela du pape au concile général.

Après avoir rejeté le pape, il fut conduit à rejeter les conciles: après les conciles, les Pères, c'est-à-dire toute autorité humaine, pour se placer face à face avec l'Écriture. Chacun, suivant Luther, pouvait interpréter à sa guise les livres saints; les sectes se multiplièrent, et quelques esprits pervers, lisant dans l'Écriture ce que leurs passions mauvaises voulaient y trouver, donnèrent naissance à des doctrines monstrueuses qui épouvantèrent tous les partis.

Le 15 juin 1520, une bulle fut lancée contre le réformateur, qui fut menacé de l'excommunication, s'il ne se rétractait dans les soixante jours. Luther, rompant à jamais avec Rome, brûla à Wittenberg la bulle du pontife aux applaudissements d'une foule enthousiaste. — Charles-Quint convoqua alors une grande diète à Worms (1521). Luther y vint avec un sauf-conduit, et refusa solennellement de rétracter aucune de ses opinions, à moins qu'on ne lui en montrât la fausseté par l'Écriture sainte. La diète mit le réformateur au ban de l'empire; mais telle avait été l'attitude du peuple et celle d'un grand nombre de princes, qu'on n'osa violer le sauf-conduit impérial. Luther put sortir de Worms, et son protecteur, l'électeur Frédéric le Sage, le tint caché près d'un an dans le château de la Wartburg en Thuringe. De cette retraite, où il commença sa traduction de la Bible en langue vulgaire, Luther répandit impunément ses doctrines dans toute l'Allemagne. Quand les prédications de Luther tombèrent dans le peuple, elles l'enflammèrent d'une nouvelle et sauvage ardeur. Laissant de côté les questions théologiques, la foule alla droit aux questions sociales, et traduisant l'esprit de charité de l'Évangile en un esprit d'égoïsme, demanda l'égalité absolue, la communauté des biens et le renversement de toute autorité religieuse ou civile. Ces terribles sectaires, qui entraînèrent tous les paysans, de la Souabe à la Thuringe, se donnaient

le nom d'anabaptistes, parce qu'ils se régénéraient, disaient-ils, par un second baptême. Leur chef fut Thomas Munzer. Luther ne se contenta pas de les désavouer; il prêcha contre eux une guerre d'extermination. Dispersés à Frankenhausen, les paysans périrent par milliers (1525).
En 1529, pour obtenir les secours de tous les princes allemands contre les Turcs, Charles-Quint fit proclamer à la diète de Spire la liberté de conscience, mais en défendant de continuer la propagation des nouvelles doctrines. Les réformés protestèrent contre cet arrêt. De là le nom de protestants, qui leur en est resté. L'année suivante, ils présentèrent à la diète d'Augsbourg une confession officielle de leurs croyances, qui fut dès lors le symbole et le lien de tous les partisans de Luther. —
Le 18 février 1546 le grand réformateur mourut subitement à Eisleben, où il était né. En 1525 il avait épousé une jeune fille noble, Catherine de Bora, qui avait d'abord été nonne, et il en eut cinq enfants. — Luther ne fut pas seulement un homme d'un caractère énergique, d'un cœur chaud et généreux, et d'une piété profonde; il eut encore la gloire de donner à l'Allemagne le premier monument de sa langue littéraire. Sa traduction de la Bible fut répandue à des milliers d'exemplaires et devint le modèle que tous les écrivains allemands cherchèrent à imiter.

79. Frédéric le Grand.

Le fondateur de la puissance prussienne, Frédéric II, naquit en 1712. Ce prince ne faisait pas prévoir dans son enfance ce qu'il serait plus tard. Il était petit, d'une complexion maladive et paraissait peu fait pour les exercices militaires. Il ne montrait du goût que pour les lettres et les arts. Il écrivait des poésies et jouait de la flûte. Son père, qui n'aimait que les soldats et surtout sa garde de géants, n'avait pour lui aucune affection: il songea même à le déshériter: «Mon fils, disait-il avec colère, n'est qu'un bel esprit français qui gâtera toute ma besogne.»

Cependant ce prince, que le roi-sergent dédaignait, a été, avec Turenne et Napoléon, un des hommes de guerre les plus remarquables des temps modernes. L'année même de son avènement, 1740, il entreprit contre l'Autriche une guerre qui fut signalée par d'éclatantes victoires et qui lui valut la conquête d'une importante province, la Silésie. Une autre guerre, dite la deuxième guerre de Silésie, se termina (en 1745) par le traité de Dresde; Marie-Thérèse y confirma

de nouveau la cession de la Silésie. — Mais bientôt la reine d'Autriche forma contre Frédéric une puissante coalition. C'est dans cette guerre, qui dura sept ans (1756—63), que le roi de Prusse fit preuve de la plus grande habileté mili-
5 taire. Seul il tint tête aux armées de la France, de l'Autriche et de la Russie. Plusieurs fois il parut accablé par tant d'ennemis. Son énergie lui permit de supporter toutes ces épreuves. Il écrivait ces beaux vers:
Pour moi, menacé de naufrage,
10 Je sais, en affrontant l'orage,
Penser, vivre et mourir en roi.
Il remporta de nombreuses victoires. En 1757 il battit les Autrichiens à Prague et à Leuthen; en 1758 eut lieu la sanglante bataille de Zorndorf, où il vainquit les Russes; mais
15 la bataille qui est restée gravée le plus profondément dans la mémoire des Français, c'est celle de Rossbach (en 1757), où l'armée française, commandée par Soubise, éprouva un désastre inouï. Il est vrai que ce général français était d'une grande incapacité. Aussi les Français, qui aiment à rire de tout,
20 même de leur malheur, se moquèrent de Soubise et firent ces vers célèbres:
Soubise dit, la lanterne à la main:
J'ai beau chercher où diable est mon armée;
Elle était là pourtant hier matin,
25 Me l'a-t-on prise ou l'aurais-je égarée?
Grâce à son courage et à ses victoires, Frédéric II put conserver toutes ses conquêtes.
Après la paix de Hubertsbourg (1763), Frédéric assura la prospérité de son royaume surtout par une habile adminis-
30 tration. Il entreprit d'immenses travaux pour réparer les maux de la guerre et pour enrichir les provinces. Il reconstruisit à ses frais des villes et des villages; il fit dessécher les marais stériles et encouragea l'agriculture. Le roi se préoccupa beaucoup de l'instruction publique; il créa des écoles et
35 des collèges et rouvrit l'académie de Berlin, que son père avait fermée. — Frédéric, quoique ennemi politique de la France, admirait la littérature française. Voltaire vécut trois ans à la cour du roi de Prusse. Enfin Frédéric a écrit lui-même un certain nombre d'ouvrages en langue française qui
40 sont précieux pour l'histoire du dix-huitième siècle. Ses contemporains lui décernèrent le titre de Grand et ce titre est bien justifié. Frédéric mourut en 1786.

VII. LETTRES.

80. Billets.*)

a.

Monsieur A., se trouvant obligé d'aller à la campagne demain, prie Monsieur F. de ne pas se donner la peine de passer chez lui. Monsieur A. sera charmé de voir Monsieur F. après-demain à l'heure qui lui sera la plus convenable.

b.

Madame B. présente ses compliments à Monsieur E. Comme elle va ce soir au concert, elle ne pourra pas avoir le plaisir de le voir aujourd'hui, et prie Monsieur E. de vouloir bien ne venir demain qu'à onze heures.

81. Un fils à son père et à sa mère.

Mon cher père, ma chère mère, veuillez agréer, à l'occasion de la nouvelle année, l'expression sincère de ma reconnaissance et des vœux que je forme pour votre bonheur. Je n'oublierai jamais avec quelle sollicitude vous avez surveillé mon éducation, et soyez persuadés que je ferai tous mes efforts pour me rendre de plus en plus digne des sacrifices que vous vous êtes imposés. Mes chers parents, je répondrai à votre attente, et si je ne suis pas appelé à un brillant avenir, du moins vous trouverez en moi un honnête homme et le fils le plus dévoué et le plus respectueux.

82. Lettre de bonne année.

Mon cher père,
Permettez que je choisisse ce jour pour vous exprimer les sentiments d'amour et de gratitude que m'inspirent vos bontés et votre tendresse pour moi, les soins avec lesquels vous avez veillé sur mon enfance, et, dans un âge plus avancé, la

---
*) J. Connor, Konversationsb.

sollicitude avec laquelle vous m'avez inspiré des principes qui seront la règle de toute ma vie, comme ils l'ont été de la vôtre.

Chaque jour vient encore ajouter à ma dette de reconnaissance; en sorte que je ne saurais plus comment vous en payer le tribut, si ce n'est en vous prouvant, par ma conduite et par mon zèle à bien faire, que j'ai su mettre à profit vos leçons et vos conseils.

Recevez, mon cher père, l'assurance de mon respectueux dévouement.

83. A un ami pour le jour de sa fête.

Je m'empresse, Monsieur, de vous souhaiter une heureuse fête. C'est une grande satisfaction pour moi, de trouver l'occasion de vous renouveler le témoignage de la sincérité de mes sentiments. Vous ne doutez point, j'espère, des vœux que je fais pour vous et pour votre aimable famille, que j'embrasse de tout mon cœur.

Je suis, Monsieur, votre dévoué N. N.

Réponse.

Monsieur, chaque année je réunis à une petite fête tous mes amis et ma famille; déjà plus d'une fois vous l'avez honorée de votre présence; serai-je moins heureux cette année? Vous ne voudriez pas rendre la fête incomplète. Au surplus, vous n'êtes pas maître de dire non: souvenez-vous qu'on ne doit jamais répondre par un refus à la demande qu'un ami nous adresse. Je compte donc sur vous.

84. Invitation.

Cher ami,

C'est demain l'anniversaire de ma naissance. Toutes les personnes que j'aime y seront; il faut donc que tu y viennes aussi. Je t'attends pour demain. Ta chambre est prête, et je t'assure que ce jour ne serait pas complètement heureux pour moi, si tu manquais à la réunion de mes amis. Jusqu'à présent tu as été le premier à m'offrir ton bouquet, c'est ce qui me fait espérer que nous te verrons demain parmi nous. Ainsi, cher ami, à demain!

85. Invitation.

Monsieur,

Je prends la liberté de vous prier, vous et Madame votre épouse, de vouloir bien honorer de votre présence un souper sans façons que je donnerai le 10 de ce mois. Comme quelques-uns de mes amis ont promis de se rendre à mon invitation, j'espère bien ne pas recevoir de refus de votre part. Ma femme et moi vous saluons bien amicalement et je vous prie d'agréer l'assurance de ma parfaite estime.

Votre tout dévoué.

86. Réponse.

Monsieur,

L'invitation que vous avez eu l'obligeance de nous adresser, à ma femme et à moi, est trop flatteuse pour que nous ne saisissions pas cette occasion de profiter de la bonne fortune qui s'offre à nous de pouvoir jouir de votre agréable société. Nous aurons soin de nous rencontrer demain soir chez vous à l'heure que vous nous avez indiquée, et nous nous réjouissons d'avance en songeant aux heures agréables qu'il nous sera donné de passer dans votre aimable famille et avec des amis dont nous faisons tant de cas.

Agréez, Monsieur, avec l'expression de notre gratitude, l'assurance de mon parfait dévouement.

87. Un neveu à sa tante.

Ma chère tante,

Votre respectueux et très affectionné neveu vous adresse, à l'occasion de votre fête, le sincère hommage de sa tendresse et de son dévouement. Il prie le ciel d'exaucer tous vos vœux et de vous accorder le bonheur dont vous êtes si digne. Veuillez lui conserver votre affection, qu'il tâchera toujours de mériter. C'est son plus ardent désir; il espère, en outre, que sa chère tante agréera ce compliment de fête avec sa bonté ordinaire.

Je suis avec respect,

ma chère tante,
votre très obéissant neveu
C.

88. Un père qui voyage, à ses deux garçons.

Mes chers enfants,

Je vous ai quittés hier à peu près à l'heure où je prends la plume pour vous écrire, et déjà je suis séparé de vous d'une distance de plus de cent cinquante lieues. Vous en êtes effrayés, n'est-ce pas? mais ce qui doit vous consoler, c'est que quand j'aurai terminé l'affaire qui m'a forcé de vous quitter, je me rapprocherai de vous avec la même rapidité. Êtes-vous bien sages, bien obéissants envers ce bon oncle qui vous a reçus chez lui pendant mon absence? Il vous a toujours beaucoup aimés, et par reconnaissance vous devez faire en sorte qu'il soit toujours content de vous. D'ailleurs, je vous l'ai dit en partant, si, à mon retour, j'apprends que vous vous êtes bien conduits, cela me rendra tellement heureux que je vous en aimerai encore davantage. Votre instituteur m'a promis de tenir une note exacte et détaillée sur votre conduite en classe; si vous êtes de bons garçons, vous tiendrez la promesse que vous m'avez faite de vous montrer plus appliqués et plus dociles qu'à l'ordinaire; vous me prouverez par là qu'absent pour vos yeux, j'étais toujours présent à votre pensée.

89. A une petite fille en pension.

Ma bonne petite sœur,

Nous sommes contents de toi; nous avons reçu de ta maîtresse d'excellentes notes sur ta conduite et ton travail. Tes progrès sont assez rapides, et tu fais tous tes efforts pour récompenser nos parents des sacrifices qu'ils s'imposent. Persévère dans cette voie, et tous nos vœux seront satisfaits; car tu sais combien nous t'aimons et avec quel intérêt nous suivons les progrès de ton éducation. Pieuse, douce et instruite, une femme réunit toutes les qualités qui la font chérir et qui lui assurent, avec l'estime du monde, la tranquillité de l'âme, c'est-à-dire le véritable bonheur sur la terre. Nous connaissons tes bons sentiments, tes excellentes intentions, et nous ne doutons pas que l'avenir ne tienne tout ce que promet le présent. Adieu, chère sœur, et n'oublie pas ceux qui t'aiment.

Ton affectionné frère
M.

90. De la pension.

Mon cher cousin,

Je n'ai pas oublié la promesse que je t'ai faite d'écrire aussitôt que je serais installé dans la pension où mon père m'a placé pour terminer mes études. Je me suis trouvé d'abord un peu embarrassé au milieu de deux cents jeunes gens, parmi lesquels il n'en était pas un seul que je connusse. Mais, à notre âge, la connaissance est bientôt faite, et déjà je me suis lié avec plusieurs camarades d'étude qui m'ont paru plus complaisants, plus disposés à m'accueillir que les autres. Il y en a un surtout, qui se nomme Victor, dont je me propose de faire un ami, s'il répond à mes avances. C'est le fils d'un riche cultivateur; il est le meilleur élève de notre classe, et il n'en est pas plus fier. J'aurai probablement l'occasion de te reparler de lui dans mes lettres. Du reste, la pension est fort bien tenue; nous avons d'excellents maîtres; nous sommes traités avec douceur, mais avec fermeté, et la nourriture est très bonne. Tu vois donc que ton pauvre ami n'est pas trop à plaindre. Si je n'étais pas séparé de mes parents, si je ne me sentais pas privé du plaisir de ta compagnie, je me trouverais parfaitement heureux.

Ton ami dévoué
Charles.

91. Au pensionnat.

Genève, le 26 septembre 18..

Ma chère mère,

Comment vous exprimer la peine que j'ai ressentie en me voyant séparé de vous pour un temps assez long. La pension où je suis n'est pas faite pour les paresseux. Dès cinq heures et demie, été comme hiver, la cloche nous arrache aux douceurs du sommeil. Il nous faut procéder aux soins de la toilette. On se rend au lavabo, où des douches d'eau froide achèvent de nous réveiller. Puis, quand nous sommes complètement habillés, nous nous mettons au travail, qui commence par une prière dite en commun. Depuis cet instant jusqu'à celui du coucher, nous ne demeurons pas une seule minute inoccupés. Les études, les leçons des professeurs, les exercices de gymnastique, les repas, les récréations nous tiennent continuellement en haleine. Toutes nos occupations ne nous laissent pas le temps de nous ennuyer. D'ailleurs la situation et la disposition du pensionnat ne sont pas faites pour nous attrister. Figurez-vous une magnifique maison située au sommet d'une colline, des cours spacieuses plantées d'arbres, de grandes salles d'étude, des dortoirs bien aérés, un beau jardin garni de toutes sortes de fleurs. Dans toutes les salles règne une propreté irréprochable. A certaines heures, on nous permet de nous promener dans le jardin, et chacun de nous y peut cultiver un petit coin. Tout cela nous permet de supporter plus patiemment notre exil momentané. Cependant nous ne pouvons oublier les douceurs de notre foyer domestique. En attendant le bonheur de le revoir, votre fils vous embrasse tendrement.

92. Réponse à une invitation.

Béziers, le 30 août 1881.

Mon cher Armand,

Tu m'as envoyé une invitation pour la distribution des prix ; je t'en remercie, car il m'eût été très agréable d'assister à la remise des certificats d'études. Mon père me l'avait permis, et il se proposait même de m'accompagner ; malheureusement notre cheval est indisposé et mes jambes ne peuvent entreprendre un voyage de trente kilomètres, aller et retour. Je le regrette plus que je ne saurais dire.

Exprime à tes parents toute ma gratitude pour leur gracieuse invitation, à laquelle mon père et ma mère ont été très sensibles. Je te serre cordialement la main.

Léon.

93. Choix d'une profession.

Mon cher oncle,

Je vais atteindre ma quinzième année, et je quitterai bientôt l'école où j'ai reçu de si bonnes leçons. Le temps est venu pour moi de choisir une carrière, et un tel choix me préoccupe beaucoup. Je me demande parfois s'il ne me serait pas avantageux d'entrer dans le commerce. Je sais que votre maison me serait ouverte et que vous m'enseigneriez tous les détails de votre profession. Je suis certain que, guidé par vous, je deviendrais en peu d'années un négociant habile. Cette perspective me plaît assurément. Néanmoins, la vie des champs a pour moi de plus puissants attraits, et je vous prie de trouver bon que je m'adonne à l'agriculture. Une foule de raisons me déterminent à prendre ce parti. Ayant passé toute mon enfance dans une ferme, je suis déjà initié, dans une certaine mesure, au métier que je veux faire. Mes parents sont déjà un peu âgés ; il me serait pénible de m'en séparer. Puis ils ont vécu heureux à la campagne, un travail assidu leur a procuré une modeste aisance. Je veux les imiter. Mon père, mon aïeul ont été laboureurs ; je prendrai comme eux les manches de la charrue. Puisse le ciel bénir mes efforts.

Espérant, cher oncle, que vous approuverez ma résolution, je reste

Votre neveu affectionné.

VIII. POÉSIES.

94. La cigale et la fourmi.

La cigale, ayant chanté
    Tout l'été,
Se trouva fort dépourvue,
Quand la bise fut venue:
Pas un seul petit morceau
De mouche ou de vermisseau.
Elle alla crier famine
Chez la fourmi sa voisine,
La priant de lui prêter
Quelque grain pour subsister
Jusqu'à la saison nouvelle:
Je vous paierai, lui dit-elle,
Avant l'août, foi d'animal,
Intérêt et principal.
La fourmi n'est pas prêteuse,
C'est là son moindre défaut.
Que faisiez-vous au temps chaud?
Dit-elle à cette emprunteuse.
— Nuit et jour, à tout venant
Je chantais, ne vous déplaise.
— Vous chantiez! j'en suis fort aise.
Eh bien! dansez maintenant.
                            La Fontaine (1621—95).

95. Le corbeau et le renard.

Maitre corbeau, sur un arbre perché,
  Tenait en son bec un fromage.
Maitre renard, par l'odeur alléché,
  Lui tint à peu près ce langage:
  Hé! bonjour, monsieur du corbeau;
Que vous êtes joli! que vous me semblez beau!
    Sans mentir, si votre ramage
    Se rapporte à votre plumage,

Vous êtes le phénix des hôtes de ces bois.
A ces mots, le corbeau ne se sent pas de joie;
Et, pour montrer sa belle voix,
Il ouvre un large bec, laisse tomber sa proie.
Le renard s'en saisit et dit: Mon bon monsieur,
Apprenez que tout flatteur
Vit aux dépens de celui qui l'écoute.
Cette leçon vaut bien un fromage, sans doute.
Le corbeau, honteux et confus,
Jura, mais un peu tard, qu'on ne l'y prendrait plus.

La Fontaine (1621—95).

96. La grenouille qui veut se faire aussi grosse que le bœuf.

Une grenouille vit un bœuf
Qui lui sembla de belle taille.
Elle, qui n'était pas grosse en tout comme un œuf,
Envieuse, s'étend, et s'enfle, et se travaille
Pour égaler l'animal en grosseur,
Disant: Regardez bien, ma sœur;
Est-ce assez? dites-moi; n'y suis-je point encore? —
Nenni. — M'y voici donc? — Point du tout. — M'y voilà? —
Vous n'en approchez point. La chétive pécore
S'enfla si bien qu'elle creva.
Le monde est plein de gens qui ne sont pas plus sages:
Tout bourgeois veut bâtir comme les grands seigneurs;
Tout petit prince a des ambassadeurs,
Tout marquis veut avoir des pages.

La Fontaine (1621—95).

97. Le renard et les raisins.

Certain renard gascon, d'autres disent normand,
Mourant presque de faim, vit au haut d'une treille
Des raisins, mûrs apparemment,
Et couverts d'une peau vermeille.
Le galant en eût fait volontiers un repas.
Mais comme il n'y pouvait atteindre:
«Ils sont trop verts, dit-il, et bons pour des goujats.»
Fit-il pas mieux que de se plaindre?

La Fontaine (1621—95).

98. Le laboureur et ses enfants.

Travaillez, prenez de la peine;
C'est le fonds qui manque le moins.

Un riche laboureur, sentant sa mort prochaine,
Fit venir ses enfants, leur parla sans témoins.
„Gardez-vous, leur dit-il, de vendre l'héritage
    Que nous ont laissé nos parents:
    Un trésor est caché dedans.
Je ne sais pas l'endroit, mais un peu de courage
Vous le fera trouver; vous en viendrez à bout.
Remuez votre champ dès qu'on aura fait l'oût:
Creusez, fouillez, bêchez; ne laissez nulle place
    Où la main ne passe et repasse."
Le père mort, les fils vous retournent le champ,
Deçà, delà, partout; si bien qu'au bout de l'an
    Il en rapporta davantage.
D'argent, point de caché. Mais le père fut sage
    De leur montrer avant sa mort
    Que le travail est un trésor.
La Fontaine (1621—95).

99. Les oiseaux.

Que chantez-vous, petits oiseaux?
Je vous regarde et vous écoute:
C'est Dieu qui vous a fait si beaux,
    Vous le louez sans doute.
Son nom vous anime en ces bois;
Vous n'en célébrez jamais d'autre.
Faut-il que mon ingrate voix
    N'imite pas la vôtre?
Vos airs si tendres et si doux
Lui rendent tous les jours hommage:
Je le bénis bien moins que vous,
    Et lui dois davantage.
L'abbé Cassagne († 1679).

100. Les deux voyageurs.

Le compère Thomas et son ami Lubin
Allaient à pied tous deux à la ville prochaine.
    Thomas trouve sur son chemin
    Une bourse de louis pleine;
Il l'empoche aussitôt. Lubin, d'un air content,
    Lui dit: Pour nous la bonne aubaine!
    — Non, répond Thomas froidement,
Pour nous n'est pas bien dit, *pour moi* c'est différent.
Lubin ne souffle plus; mais en quittant la plaine,
Ils trouvent des voleurs cachés au bois voisin.

Thomas, tremblant, et non sans cause,
Dit: Nous sommes perdus! — Non, lui répond Lubin,
Nous n'est pas le vrai mot; mais *toi*, c'est autre chose.
Cela dit, il s'échappe à travers les taillis.
Immobile de peur, Thomas est bientôt pris:
Il tire la bourse et la donne.
Qui ne songe qu'à soi quand sa fortune est bonne
Dans le malheur n'a point d'amis.
Florian († 1794).

101. Le roi de Perse et ses visirs.

Un roi de Perse, certain jour,
Chassait avec toute sa cour.
Il avait soif, et dans la plaine
On ne trouvait point de fontaine.
Près de là seulement était un grand jardin,
Rempli de beaux cédrats, d'oranges, de raisin:
«A Dieu ne plaise que j'en mange!
Dit le roi; ce jardin courrait trop de danger:
Si je me permettais d'y cueillir une orange,
Mes visirs aussitôt mangeraient le verger.
Florian († 1794).

102. La petite mendiante.

C'est la petite mendiante
Qui vous demande un peu de pain;
Donnez à la pauvre innocente.
Donnez, donnez, car elle a faim.
Ne rejetez point ma prière!
Votre cœur vous dira pourquoi:
J'ai six ans, je n'ai plus de mère,
J'ai faim, ayez pitié de moi.

Hier, c'était fête au village,
A moi personne n'a songé.
Chacun dansait sous le feuillage,
Hélas! et je n'ai pas mangé.
Pardonnez-moi, si je demande,
Je ne demande que du pain:
Du pain! je ne suis pas gourmande,
Ah! ne me grondez pas, j'ai faim.

N'allez pas croire que j'ignore
Que dans ce monde il faut souffrir;

Mais je suis si petite encore,
Ah! ne me laissez pas mourir.
Donnez à la pauvre petite,
Et pour vous comme elle priera!
Elle a faim; donnez, donnez vite.
Donnez, quelqu'un vous le rendra.

Si ma plainte vous importune,
Eh bien! je vais rire et chanter,
De l'aspect de mon infortune
Je ne dois pas vous attrister.
Quand je pleure, l'on me rejette,
Chacun me dit: „Éloigne-toi!"
Écoutez donc ma chansonnette:
Je chante, ayez pitié de moi.

Boucher de Perthes († 1868).

103. La grand'mère.

„Grand'mère, d'où vient donc que vos cheveux sont blancs?
— Mon enfant, c'est l'hiver, c'est la neige des ans.
— Grand'mère, d'où vient donc que vous avez des rides?
— Le chagrin a creusé tous ces sillons arides.
— Grand'mère, qui vous fait branler la tête ainsi?
— Un vent qui vient du ciel. Je ne tiens plus ici.
— Pourquoi vos yeux sont-ils cernés de noir, grand'mère?
— C'est pour avoir versé plus d'une larme amère.
— Pourquoi tenir si bas, si courbé votre front?
— C'est pour mieux voir la terre où mes os blanchiront.
— Et que murmurez-vous toujours, mère chérie,
Même quand votre enfant vous embrasse? — Je prie!"

Ratisbonne.

104. Jupiter et la brebis.

La brebis fit un jour demander audience
    Au souverain maître des dieux.
    Jupiter, avec bienveillance,
Chargea son messager de l'introduire aux cieux.
„Approche, ma petite ... encor ... Pourquoi ces larmes?
    — Au jour de la création,
Vous avez oublié de me donner des armes
    Pour ma conservation.
    — Je puis, par ma toute-puissance,
Réparer cet oubli. Voyons! pour ta défense,
Veux-tu que je donne à ta dent

Le venin mortel du serpent?
Veux-tu que je donne à ta patte
La griffe du lion ou celle de la chatte?
    Veux-tu que ma divinité
    Te donne la férocité
    Du loup, de l'ours, de la panthère,
    Du tigre? . . . Réponds-moi, ma chère,
Parle sans crainte et sans émotion.
— Ne pourrais-je, ô Jupin, défendre ma toison
Contre mes ennemis sans leur nuire moi-même?
— Cela n'est pas, ma fille, en mon pouvoir suprême.
    — O souverain maître des dieux
    Et des hommes et du tonnerre!
S'il n'en peut être autrement, j'aime mieux
    Souffrir le mal que de le faire."

Frédéric Jacquier.

105. Le lézard et la tortue.

„Pauvre tortue, hélas! s'écriait le lézard.
— Pourquoi pauvre? — Quelle misère!
Sans porter ta maison tu ne vas nulle part.
— Charge utile devient légère."

Guichard.

106. Les trois braves.

Trois lapins comme cent zouaves
Un jour ont juré d'être braves.
Ils ont juré de faire un coup
    Et de mettre à mort le vieux loup.
A sa dame chacun d'eux jure
De lui rapporter la fourrure
Chacun d'eux en partant promet
La queue à son fils pour plumet.
Ils arrivent, tambour en tête,
Au fourré de la grande bête.
Juste en ce temps le loup rentrait,
Un bout de queue encore musait.
Les trois braves, comme un seul lièvre,
    Tournent et rapportent . . . la fièvre.

Ch. Marelle.